交通强国新时代城市综合交通智能化体系建设系列丛书

城市交通大脑
未来城市智慧交通体系

温慧敏　雷方舒　孙建平　徐春玲 | 著

電子工業出版社
Publishing House of Electronics Industry
北京 • BEIJING

内 容 简 介

城市智能交通发展到新的阶段，在互联网、云计算、大数据、人工智能、5G 等新技术下的未来智能交通发展路径的探索成为当下热点。本书在对现阶段“交通大脑”建设情况进行分析的基础上，系统地提出“城市交通大脑”体系框架与建设方案，深入明晰地回答了城市交通大脑“是什么、干什么、怎么干”的问题，探索了在“城市交通大脑”引领下的未来城市交通，以及智能交通系统的发展方向。

本书可作为高等院校交通运输专业方向的教材或参考书，也可供智慧交通、智慧城市、人工智能等领域的管理者、学者、研究人员或工程技术人员学习和阅读。

图书在版编目（CIP）数据

城市交通大脑：未来城市智慧交通体系 / 温慧敏等著. —北京：电子工业出版社，2022.1
（交通强国新时代城市综合交通智能化体系建设系列丛书）

ISBN 978-7-121-42344-4

Ⅰ. ①城…　Ⅱ. ①温…　Ⅲ. ①城市交通运输－交通运输管理－自动化系统－研究　Ⅳ. ①U491

中国版本图书馆 CIP 数据核字（2021）第 229014 号

责任编辑：徐蕾薇　　特约编辑：张燕虹
印　　刷：北京虎彩文化传播有限公司
装　　订：北京虎彩文化传播有限公司
出版发行：电子工业出版社
　　　　　北京市海淀区万寿路 173 信箱　　邮编：100036
开　　本：787×1092　1/16　印张：8　　字数：180 千字
版　　次：2022 年 1 月第 1 版
印　　次：2024 年 6 月第 4 次印刷
定　　价：88.00 元

凡所购买电子工业出版社图书有缺损问题，请向购买书店调换。若书店售缺，请与本社发行部联系，联系及邮购电话：（010）88254888，88258888。

质量投诉请发邮件至 zlts@phei.com.cn，盗版侵权举报请发邮件至 dbqq@phei.com.cn。

本书咨询联系方式：xuqw@phei.com.cn。

前言

FOREWORD

“城市大脑是杭州献给整个世界的一个礼物，就像当年罗马给了世界一个下水道，伦敦给了世界一个地铁，纽约给了世界一个电网。”

——阿里巴巴技术委员会主席王坚

自阿里巴巴于 2016 年在杭州启动城市大脑项目后，交通大脑一词在全国引起了激烈的讨论，并持续成为交通及智慧城市领域的热点议题。紧随阿里巴巴之后，易华录、华为、百度、高德、腾讯等互联网企业及交通行业企业也相继在深圳、大连、广州等全国多个城市开展交通大脑建设，希望实现智能交通系统的模式创新与技术突破。

然而，对于交通大脑的建设，在交通行业内一直存在争议，褒贬不一，部分研究者认为交通大脑确实能够带来交通领域的革新；也有研究者认为，交通大脑只是“旧瓶装新酒”，是包装和噱头，而现阶段互联网企业所建设的交通大脑也是参差不齐、内容各异。

在种种热议之下，本书作者依托北京市科技计划研究项目，系统地对城市交通大脑体系框架与建设方案进行解析，包括城市交通大脑的起源与发展历程，不同城市的交通大脑建设特征与现状，交通大脑的具体内涵与外延、核心特征，与现阶段智能交通系统的区别与联系，城市交通大脑建设的总体框架、物理框架、功能框架设计，以及为实现未来的城市交通大脑体系需要攻关的建设任务等。希望本书能够为规范城市交通大脑的概念、推动其统一的顶层设计和建设提供一定的参考，让城市交通大脑作为下一代智能交通系统，真正起到引领交通系统模式创新与技术突破的作用。

本书各章节内容如下。

第 1 章，概论。阐述了我国智能交通系统的发展现状，梳理了 5G、人工智能等创新技术的发展与应用现状，分析了国家在交通运输特别是智能交通和数字交通等方面的政策形势。

第 2 章，城市交通大脑起源与发展。详细介绍了阿里巴巴、百度等不同互联网企业城市交通大脑产品的提出过程，分析了我国不同城市交通大脑的建设现状，并指出了现阶段我国城市交通大脑建设中的问题。

第 3 章，城市交通大脑内涵与特征。提出了城市交通大脑的内涵，并给出城市交通大脑的核心特征，阐述了城市交通大脑与现有智能交通系统的区别与联系，明确了其代际特征。

第 4 章，城市交通大脑框架设计。提出了城市交通大脑的规划框架，包括核心中枢、物理框架、功能框架及建设框架；提出了城市交通大脑分阶段、分层次的建设任务。

第 5 章，建设方案与核心任务规划设计。提出了城市交通大脑基础平台层、数据汇聚层、超级计算层、解决方案层四个层次的重点建设任务，对各项任务进行了架构设计与详细设计，并提出了建设分期。

第 6 章，城市交通大脑建设体系保障。阐述了为保障城市交通大脑建成，需要政府和企业不同层面的保障措施。

第 7 章，未来展望。站在城市进化的视角，技术创新是城市交通发展的必然路径和不二选择，智能交通在未来城市交通建设中不再是“锦上添花”的选项，城市交通大脑将带来交通系统体制机制、投资建设、运营管理等一系列变革，需要更深入的前瞻研究和筹划。

特别感谢北京市科学技术委员会在本书撰写过程中给予的技术指导和大力支持。此外，北京交通发展研究院张溪、赵祥、朱珊、全宇翔等研究工作者也参与了本书的撰写，并做出相应贡献。

由于作者的水平和时间有限，书中难免有不足之处，恳请读者批评、指正。

作　者

2021 年 3 月

目录

CONTENTS

第1章

概　论

城市交通大脑是智能交通系统数字化、网联化、协同化发展到一定阶段的表现形式，是新一代的智能交通系统，对传统的智能交通系统有着继承性和延续性，同时也具备更为自动化、智能化的能力与水平。本章通过对国内外智能交通系统发展现状的梳理，从所面临的技术爆炸与政策形势等角度，概述城市交通大脑的提出背景。

1.1　我国智能交通系统发展现状

智能交通系统（Intelligent Transportation Systems，ITS）是将先进的信息技术、数据通信传输技术、电子控制技术、传感器技术、计算机处理技术等有效地综合运用于整个运输体系，从而建立起一种在大范围内全方位发挥作用的实时、准确、高效的交通运输综合管理系统。其目的是使人、车、路密切配合与和谐统一，极大地提高交通运输效率、保障交通安全、改善环境质量和提高能源利用率[1]。

我国在20世纪70年代末就已经开展在交通运输和管理中应用电子信息技术的研究，在90年代初期开始关注智能交通，并跟踪智能交通系统技术，取得了长足进步（见图1.1）。总体来说，我国智能交通系统主要是在国家计划的支持下，坚持自主开发和广泛的国际交流与合作发展起来的。“七五”期间，我国自主研发了第一个实时自适应城市交通控制系统。“九五”期间，从国家层面以“体系框架和标准体系”为切入点，开始了我国智能交通系统从概念到实际应用的转变，在此期间研发了一系列交通信号控制系统，GPS警车定位、122交通事故快速处理等系统。在“十五”期间，为提高我国整体运输系统的管理和服务水平，提高效率和安全性，进行了以交通智能控制、集成信息服务、专用短程通信、智能车路为核心的“关键技术研究与示范”。在“十一五”期间，北京奥运会、上海世博会和广州亚运会的召开促进了智能交通系统建设的快速发展与进步，结合公安部道路交通安全、国家高速公路联网不停车收费等的建设，我国进行了以“综合技术集成和交通安全保障”为主要内容的研发和建设。“十二五”期间，我国智能交通建设围绕“综合交通运输系统效能与服务提升”“智能化交通管控”“车路协同与安全”三条主线展开，取得了一系列创新成果与技术突破。“十三五”期间是我国交通智慧化、数字化发展的5年，人工智能等新技术的蓬勃发展、互联网+交通的深度融合，促进了智能交通系统的更新与完善，实现了从分散到集约、从自成系统到协同共享的重要转型。“城市交通大脑”“数字孪生交通系统”等智慧交通创新体系应运而生，智能交通系统发展进入数据驱动、业务协同、智慧应用的新阶段。经过20余年的建设，中国智能交通系统已成功从引进探索阶段进入实际开发应用阶段。

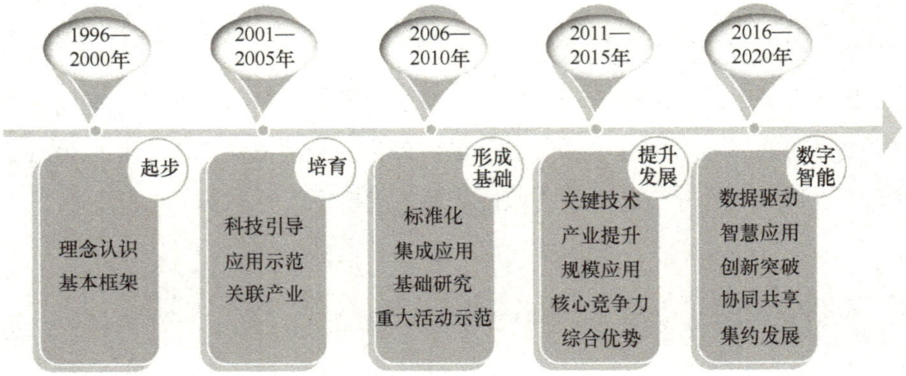

图1.1 中国智能交通发展历程

目前，我国大力开展交通强国建设与新型基础设施建设，对交通系统网联化、协同化、数字化发展提出了新的要求；同时，智能制造、北斗定位、5G通信、图像识别、人工智能、物联网等前沿科技在交通领域的深度融合应用为智能交通系统的发展带来了新的机遇和挑战，在这种背景下，我国智能交通系统（简称：ITS）将迎来新一轮的突破与创新。

1.2 国际智能交通系统发展现状

20世纪60年代初，随着电子、计算机、传感等信息技术的发展，各主要发达国家开始探索将这些新技术应用到交通管理领域。进入80年代后，计算机技术进一步成熟，无线通信技术和卫星导航技术迅速发展，各国开始有意识地将人、车、路等交通要素进行综合研究，智能交通系统的内涵逐渐丰富，研究方向开始趋于一致。1994年，第一届智能交通大会在巴黎召开，智能交通的概念得到各国的高度认同和大力支持，由此正式进入历史舞台并开始快速发展。国外智能交通发展历程见表 1.1。

表 1.1 国外智能交通发展历程

发展阶段	发展内容
探索阶段	美国、日本、欧洲分散探索用先进的信息技术改进道路交通管理，探索的主要领域在道路监控系统、交通信号自动控制系统、电子诱导系统、汽车定位系统和汽车导航系统等方面
起步阶段	美国、日本、欧洲经过20余年探索后逐渐达成共识，明确了数字化交通管理的智能化发展方向，纷纷开始制定各项智能化交通发展计划和方案
大发展阶段	第一届世界智能交通大会在巴黎召开，该大会的召开对世界智能化交通发展起到巨大推动作用，美国、日本、欧洲等各国政府开始投入巨额资金进行研究开发，智能交通得到突飞猛进的发展

经过 60 多年的发展，美、日、欧等发达国家基本完成了 ITS 体系框架构建，关键技术已取得突破性进展，并在重点发展领域大规模应用。ITS 已不限于解决交通拥堵、交通事故、交通污染等问题，也成为缓解能源短缺、培育新兴产业、增强国际竞争力、提升国家安全的战略措施。下面以美国、日本、欧洲为例，介绍国外智能交通系统的发展现状。

1.2.1 美国

美国对智能交通的研究始于 20 世纪 60 年代末，以美国交通部和通用汽车公司共同研发的电子路径导向系统（Electronic Route Guidance System，ERGS）为标志。

20 世纪 60 年代末至 90 年代初是美国 ITS 发展的初期阶段，重点致力于 EGRS 的发展，运用道路与车辆间的双向通信实现道路导航，直至 80 年代中期，加利福尼亚交通部门研发的 Pathfinder 系统获得成功后，全国范围的 ITS 研发才逐步开始。

从 20 世纪 90 年代初到 20 世纪初，美国主要建设交通控制与管理、电子支付、商用车辆管理、自动驾驶等领域，建设项目相对分散。1990 年，美国运输部（DOT）成立了智能化车辆道路系统（IVHS）组织；1994 年，美国 ITS 正式命名；1996 年，美国 ITS 体系框架出台，美国国会颁布的《陆上综合运输效率化法（ISTEA）》和《面向 21 世纪的运输平衡法案（TES-21）》从立法的高度统一规划 IVHS/ITS 的发展，并依此制定出《国家 ITS 项目规划》《国家 ITS 五年项目规划》《国家 ITS 十年项目规划》等纲领性文件，将美国 ITS 的发展推向实用化进程。

20 世纪后，美国在 ITS 战略上进行了调整，由上一阶段的“全面研究”转向“重大领域研究”，特别是在“9·11”事件发生后，美国 ITS 建设更加集中于基础设施运行监控、安全与应急保障、用户服务等方面的研究应用。本阶段 ITS 发展重点关注车路协同、交通安全、信息服务，以及综合交通协调等技术的实用和产业化。2004 年，美国开展了车路集成系统（VII）研究；2009 年，DOT 正式发布了《智能交通系统战略计划（2010—2014）》，提出 IntelliDrive 计划；2012 年，DOT 对《国家 ITS 五年项目规划》做了调整，采用 Connected Vehicle 作为车路协同相关研究总称。

近期，美国 ITS 发展以汽车网联化、智能化为核心，更加关注支撑 ITS 发展的创新技术。2015 年发布的《智能交通系统战略计划（2015—2019）》明确阶段发展方向为：汽车和道路更安全、加强机动性、降低环境影响、促进改革创新、支持交通系统信息共享。2017 年，美国车联网和无人驾驶爆发式发展，美国在 50 多个城市部署了车联网和自动驾驶试验场，自动驾驶正式进入落地试验阶段；同年，美国也构建了新的智能交通系统体系框架，并更名为“协同与智能交通框架”（ARC-IT），涵盖全部车联网相关应用。2020 年，美国 DOT 发布了《智能交通系统战略规划（2020—2025）》，明确了“加速应用 ITS，转变社会运行方式”的愿景，从强调自动驾驶和智能网联单点突破转变为新兴科技全面创新布局，将加速 ITS 部署与应用。

1.2.2 日本

日本对 ITS 的研究始于 20 世纪 70 年代，以 1973 年通产省主导开发的“汽车综合交通控制系统（CACS）”项目为标志。

1973—1996 年是日本 ITS 初期研发阶段。继通产省主持开发 CACS 后，建设省、警察厅、运输省等其他机构也陆续独立开展各自领域的 ITS 研发工作，1984 年，建设省主持开发了“路车间通信系统（RACS）”；1987 年，警察厅主持开发了“先进的车辆交通信息与通信系统（AMTICS）”；1989 年，建设省将 RACS 升级为“先进的道路交通系统（ARTS）”；1991 年，运输省主导开发了“先进的安全汽车（ASV）”、通产省组织研究了“超智能车辆系统（SSV）”、日本政府开发并投运了“车辆信息与通信系统（VICS）”。

1996—2004 年是日本 ITS 推进实用化阶段。以五省厅（建设省、警察厅、通产省、运输省、邮政省）共同制定的“日本 ITS 综合规划”为标志，为 ITS 的发展制订了一个长期计划。本阶段注重智能交通基础设施和综合应用建设，依次研发和推广先进导航系统（VICS）、自动收费系统（ETC）、辅助安全驾驶、先进公共交通等功能性与实用性较强的项目，并取得了较好效果。1996 年 7 月，由四省一厅联合制定推进 ITS 总体构想，对日本 ITS 的推动具有划时代的重大意义。它提出了日本未来 20 年 ITS 的长期构想，ITS 开发和实施计划及 ITS 功能目标的基本概念，还定义了 ITS 在 9 个领域的 20 项服务，明确了产、学、官、商的合作开发机制，铺平了发展 ITS 成为基本国策的道路。

2004—2010 年是日本 ITS 普及应用阶段。随着 VICS、ETC、AHS、ASV 的推进，2006 年，日本启动了国家计划——Smartway，对上一阶段各成果进行整合，构建通用的智能交通公共信息平台，并借助以 DSRC 为主的多模式通信将道路和车辆连接成一个整体，并在全国范围内进行推广和应用，目标是提高交通安全性、保证畅通化、减轻环境负荷、提高便利性，截至 2011 年，ITS Spot 网络已覆盖日本全部高速公路。

2010—2030 年，日本大力推进智能交通信息的综合应用，以实现可持续发展的移动性社会为最终目标，重点从以下七方面推进下一阶段的 ITS 发展：① 构建先进的驾驶辅助系统，实现交通零事故、零堵塞；② 利用移动支持信息平台，高效解决交通问题；③ 利用多运输模式的协作，促进交通的有机协调；④ 综合管理城市道路，如城市基础路网、交通治理、抢险救灾等；⑤ 提高物流效率；⑥ 优化能源使用；⑦ 促进国际合作。

1.2.3　欧洲

欧洲 ITS 的研究始于 20 世纪 80 年代，以 1970 年提出的“科学技术领域研究协作项目”为标志。

欧洲 ITS 的发展初期，随着欧盟 COST30 计划的推出，信息技术在交通中的应用成为热点，欧盟各国相关机构纷纷展开相关技术的研究、开发和应用。

随着欧洲 ITS 的全面研究、普及应用，以奔驰汽车为主的欧洲 11 家汽车公司启动了以车辆研发为主体的“欧洲高效安全交通系统计划（PROMETHEUS）”，以欧盟成员国政府为主导推出以道路基础设施研发为主的“欧洲道路基础设施计划（DRIVE）”“欧洲机动性运输计划（PROMOTE）”等。在欧盟委员会、ERITCO 组织的协调下，各国相关机构联合展开 ITS 的研究、开发和应用，研究领域涉及 ITS 框架设计以及先进的旅行信息系统、车辆控制系统、商用车辆运营系统、电子收费系统等多个方面。

随后，欧盟 ITS 更注重集成应用、重点领域研究开发。随着 eSafety 概念的提出（ERTICO 提出）、欧盟“跨欧交通网络（TEN-T）”“Telematics 计划”“Easyway 计划”等促进欧盟一体化建设相关计划的推出，欧盟 ITS 的研究重点关注交通安全，系统的研究、开发与应用也逐步转向集成化、标准化及协同发展等。

现阶段，欧盟正在进行 Telematic 的全面开发，计划在全欧洲建立专门的交通（以道路交通为主）无线数据通信网；同时正在开发先进的出行信息服务系统（ATIS）、先进的车辆控制系统（AVCS）、先进的商业车辆运行系统（ACVO）、先进的电子收费系统等。此外，欧洲的一体化出行服务（MaaS）起步早、发展迅速，Whim、UbiGo、Qixxit 等一体化服务企业已走在世界前列。

1.3　技术爆炸——ITS 的机遇与挑战

智能驾驶、共享出行、5G 通信、深度学习、高性能计算等新型出行模式的发展和前沿科技的进步，为 ITS 的发展带来了新的机遇和挑战，推动智能交通向智慧型管理模式迈进。

“互联网+交通”虽仍在起步阶段，但“互联网”“大数据”“云计算”“人工智能”等前沿科技在交通领域的应用已初见成效。智能交通不仅要立足于交通现状，更要面向未来的自动驾驶和车路协同、网联化的智能终端、移动互联的出行信息服务及共享出行等多种新型出行方式与服务模式，进行交通运行和管理模式的同步转变与创新。

1.3.1　5G 通信

5G 技术具有高容量、低延时、超高速和高可靠性的特点[2]，5G 的出现将大大提升通信效率。“5G”与“车联网”是时下最热的两大研究热点，两者的结合更是未来交通行业的发展趋势，5G 技术的融入，可以为车与路、车与车之间的实时信息交互创造良好的环境。5G 技术在交通领域的应用重点体现在以下方面。

（1）自动驾驶。自动驾驶中的自动超车、协作式避撞、行驶中车辆编队等，都需要 5G 技术高可靠性、低延时地对自动驾驶产生的庞大数据进行传输和处理，同时提供更为精准的地理定位和运算，从而推动自动驾驶高速、稳健、安全发展。

（2）车路协同。车路协同依赖多模式的交通网络与信息交互，5G 技术解决了车路协同中信息传输与交互的核心问题，加速了道路网、传感网、控制网的融合，推动了车路协同的实现。

（3）交通管控。高清视频应用、视频与信号协同联动控制在交通管理和控制中发挥着重要作用，5G 技术实现了海量道路高清监控视频数据的实时监测、传输与处理，极大提高了交通态势感知、现场交通执法能力。另外，5G 传输加快了信号灯与视频的协同联动能力，推动了信号灯实时自主调控技术的发展。

（4）轨道监控。5G 低时延高速传输技术同样可应用于轨道车辆视频监控数据快速回传与处理，从而代替车厢内的重型视频数据存储设备。

目前，5G 技术发展取得了一定成果，各国逐渐加快 5G 的商业化进程。美国、日本和韩国在 2017—2018 年部署了 5G 测试网络，欧盟在 2017 年开始 5G 试验，计划到 2025 年全面部署 5G。爱立信与西班牙电信将著名的诺坎普体育场升级为 5G 体育场。韩国 LG U+ 已部署 1.5 万个 5G 基站，华为设备占 95%；三星设定了 5G 业务并购目标——2022 年占据 20%5G 设备市场份额；韩国电信巨头 SK 推出 5G 边缘计算开放平台向第三方开放推进 5G 商业化。中国 5G 发展已进入全球 5G 研发第一营，中国和许多其他国家在为 5G 提供关键的中频频谱方面都处于领先地位，华为与安立在业内率先完成 5G 射频一致性测试；由于无线基础设施的显著优势，中国的无线运营商正在全国范围内进行数百次大规模 5G 测试：华为率先完成中国联通多个厂家 5G 手机互通测试，以及中国联通 5G 独立组网核心网第一阶段内场测试。

1.3.2　深度学习与人工智能（AI）

如果说 5G 技术带来的是数据传输能力的提升，那么 AI 技术带来的就是数据计算与认知能力的突破。基于深度学习的 AI 技术主要包含自然语言处理、语音识别、计算机视觉、机器人、生物识别、知识图谱等领域[3]。人工智能技术与交通领域的融合应用，是对交通信息认知速度与认知能力的有效提升，同时通过自主学习，在一定程度上实现系统的自适应调节与反馈。人工智能技术的应用是实现交通系统智慧化、自动化与自主化的重要途径。

自 2006 年以来，深度学习在学术界持续升温。2010 年，美国国防部 DARPA 计划首次资助深度学习项目，参与方有斯坦福大学、纽约大学和 NEC 美国研究院。自 2011 年以来，微软研究院和谷歌的语音识别研究人员先后采用 DNN 技术降低语音识别错误率 20%～30%，是语音识别领域 10 多年来最大的突破性进展。2012 年，DNN 技术在图像识别领域取得惊人的效果，在 ImageNet 评测上将错误率从 26%降低到 15%。深度学习带来了机器学习的一个新浪潮，受到从学术界到工业界的广泛重视，也推动了“大数据＋深度模型”时代的来临。在应用方面，深度学习使语音图像的智能识别和理解取得惊人进展，从而推动人工智能和人机交互大踏步前进。

（1）计算机视觉。计算机视觉技术能够自动化提取图像、视频等数据中的有效信息，并将有效信息及时反馈给用户，达到实时采集、实时应用的目的。计算机视觉技术在交通领域的众多场景中具有重要应用，例如基于视频的交通流监测、交通监控违法违章非现场执法、停车收费与监测、驾驶员状态监测与预警等，它可以实现不同场景自动化处理能力的提升。此外，计算机视觉技术也是自动驾驶领域的重要技术环节，通过自动识别路况信息为车辆自动驾驶提供支撑。

（2）自然语言处理。自然语言处理主要应用于机器翻译、信息检索、自动问答、情感分析、自动文本摘要、社会计算和信息抽取等方面。在交通领域，海量信息都是非格式化文本，如交通广播事故、事件数据，交通报警数据等，自然语言处理技术的应用极大提升了非格式化语言数据的处理能力与处理效率，提高了信息认知能力。

（3）语音识别。语音识别技术主要应用于车联网与智能车辆系统中，实现人车无障碍语音交互。该技术在交通领域已经有初步的应用实例：在翼卡车联网中，只需在按“一键通”后向客服人员口述即可设置目的地直接导航；百度借助自己的人工智能生态平台，推出了智能行车助手 CoDriver；科大讯飞与奇瑞等汽车制造商合作，推出了飞鱼汽车助理，推进车联网进程；搜狗与四维图新合作推出了飞歌导航；云知声、思必驰在导航、平视显示器等车载应用方面推出了多款智能语控车载产品；出门问问则基于自己的问问魔镜进入智能车载市场。

（4）知识图谱。知识图谱是一张揭示事物内部关联关系的知识网络，主要应用于交通大数据处理与认知中，实现不同维度交通数据的交叉关联体系构建，进而提升交通系统的认知与决策能力。

1.3.3 高性能计算

高性能计算系统（HPC)是计算机科学的一个分支，主要指从体系结构、并行算法和软件开发等方面研究提高系统运算速度的技术，通常使用很多处理器或计算机构建计算系统和环境，通过并行计算达到快速计算求解的目的，从而实现超高的计算性能。高性能计算系统构建的目的主要有两个：一是缩短计算的时间；二是扩大求解的规模，可以为不同领域的高性能计算需求提供技术支持和服务。高性能计算系统是信息领域的前沿技术，在保障国家安全、推动国防科技进步、促进尖端武器发展方面具有重要作用，是衡量一个国家综合实力的重要标志之一。

全球高性能计算主要分布在中国、美国、日本、英国和德国等国家。我国自 1986 年实施国家 863 计划以来，高性能计算技术开始快速发展。截至 2018 年 6 月，在 TOP500 榜单中，中国超级计算机入围数量达到 206 台，占比为 41.2%，以领先第二名 82 台的优势排在所有国家之首；美国以 124 台居于第二位；第三名是日本，共有 36 台超级计算机入围该榜单；英国排名第四，共有 22 台超级计算机入围。2013—2015 年，由国防科大研制的“天河二号”超级计算机长期位居 TOP500 冠军位置；2016 年，由国家并行计算工程技术研究中心研制、安装在国家超级计算无锡中心的超级计算机“神威·太湖之光”接过接力棒，继续领跑全球。除此之外，2016 年中国高性能计算机首次获得有着计算领域诺贝尔奖之称的戈登·贝尔奖。同时，在 2020 年中国超级算力大会发布的 2020 年中国高性能计算机 TOP100 排行榜（前 10 名）（见表 1.2）中，99%为中国品牌。这些数据表明，中国高性能计算机硬件的研制水平已经进入世界前列。

表 1.2　2020 年中国高性能计算机 TO100 排行榜（前 10 名）

排名	研制单位	型号	安装地点	应用领域
1	国家并行计算机工程技术研究中心	神威太湖之光	国家超级计算无锡中心	超算中心
2	国防科大	天河二号升级系统	国家超级计算广州中心	超算中心
3	DELL	北京超级云计算中心A分区	北京超级云计算中心	超算中心
4	同方	内蒙古高性能计算公共服务平台（青城之光）	内蒙古自治区和林格尔新区	超算中心
5	联想	深腾8800系列	网络公司	互联网/大数据
6	联想	深腾8800系列	网络公司	互联网/大数据
7	联想	深腾8800系列	网络公司	互联网/云计算
8	联想	深腾8800系列	网络公司	互联网/视频
9	联想	深腾8800系列	信息中心	科学计算
10	联想	深腾8800系列	网络公司	互联网/云计算

高性能计算机的应用领域非常广泛，我国高性能计算机的应用领域主要有高性能计算中心、安全、大数据/机器学习、电信、工业/制造、互联网、互联网/大数据、互联网/云计算、科学计算、科研、能源/石油、气象/气候、云计算、政府部门等。随着各行业数据采集密度的提高，以及计算需求精细化、个性化水平的提升，对高性能计算的要求越来越高。城市交通网络是一个复杂的巨系统，网络运算需要消耗大量计算资源，在一站式出行、预约出行、车联网等新技术与新领域的发展过程中，交通网络计算规模的不断扩大、交通实体数量的成倍增加、计算实时性要求的不断提升，对高性能计算的需求和应用也越来越广泛。

1.3.4 边缘计算

边缘计算是伴随着 5G 技术发展而兴起的新兴计算技术，通过在网络边缘设备上增加执行计算任务和数据分析的能力，将原有中心服务器的部分或全部计算迁移到网络边缘设备上，降低中心服务器的计算负载，减缓网络带宽的压力[4]。相比于传统的云计算，边缘计算具有实时数据处理和分析、计算效率高、安全性高、隐私保护、可扩展性强、能感知位置及流量低的优势。但目前边缘计算的发展仍然处于初期阶段，在各个领域都尚未大规模应用。

随着未来交通万物互联时代的到来，交通基础设施将全面数字化，也就意味着交通传感器作为智慧交通的"触角"将无处不在，交通系统网络之上将全面覆盖数据采集网络。随着数据感知时间、空间粒度的下沉和感知维度的不断拓宽，数据体量将成指数级增长，尤其是自动驾驶、车路协同相关领域，对数据传输实时性要求极高；高清视频监控、音频处理等领域数据体量庞大且冗余信息占比高；面对如此庞大的数据，边缘计算成为完美的解决方案，其能够很好地降低不必要的数据传输和存储工作，在传感器端快速完成基础的数据处理，将结果及时反馈给需求端，是未来 ITS 不可或缺的重要环节。

（1）边缘计算在自动驾驶领域的应用。自动驾驶在行驶过程中，若按照传统的先上传云端、分析处理、再返回设备的模式，则造成信号传输的延迟，紧急情况下极易发生交通事故。边缘计算通过在边缘侧处理，可以降低时延，降低事故发生概率。

（2）边缘计算在交通管控领域的应用。在城市的交通监测中，高清摄像头遍布城市主要道路，通过卡口、电警、微卡口等设备监测交通违章、交通路况、路侧停车、拥堵热点与重点车辆等，但高清视频数据体量庞大，且只需要基础处理即可提取有效信息，将如此大体量的冗余数据回传到控制中心进行处理后再反馈给交通控制设施则浪费大量传输资源和传输时间。通过边缘计算服务器实现本地化的获取和数据实时分析，可以满足实时非现场执法、根据实时路况来控制交通信息灯等的交通业务需求。

（3）边缘计算在轨道交通领域的应用。屏蔽门的自主控制是轨道交通系统实现自动驾驶的关键，但在现阶段，屏蔽门的开关仍旧依靠人工判断与控制，边缘计算的应用是解决屏蔽门自主控制的重要手段，基于边缘计算可实现屏蔽门上安装的视频等检测设备采集客流信息的实时处理与计算，进而实现屏蔽门开合的自主控制，将推动轨道交通自动驾驶的步伐。

目前，一些城市已经有了初步的边缘计算应用。中兴通讯应用边缘计算技术在广西柳州部署了自动泊车系统，在该系统中，边缘计算用于快速本地化处理和识别停车场视频图像，不需要将全部视频数据回传后台服务器处理，从而降低数据传输时延，提升控制效率[5]。深圳交警应用华为边缘计算服务器实现实时交通数据的存储、过滤和处理，将处理后的结果信息回传交通大数据平台，进行多维度的拥堵分析，将智能分析与决策结果回传到边缘端，进行交通信号的局部优化、交通诱导设施的部署等，基于此方案，深圳大梅沙、龙华等区域重点路段运行速度提高 9%。边缘计算的广泛应用将带来交通领域一系列技术突破，使得未来交通系统向更加智慧化、自动化方向迈进。

1.3.5 一站式出行服务（MaaS）

一站式出行服务指在深刻理解公众出行需求的基础上，将各种交通模式全部整合在统一的服务体系与平台中，从而充分利用大数据、机器学习、人工智能等技术，调配资源，规划最优路线，满足个性化出行需求的交通服务生态，并以一票制支付方式或包月套餐方式进行支付。

（1）一体化。一体化是一站式出行服务的典型特征，主要表现在体系规划、设施布局、运营调度、支付清分、信息服务等各类体系的一体化，实现各种交通方式在各个层面的标准化、一体化融合，提供门到门的便捷出行服务。

（2）共享化。在一站式出行服务模式下，载运工具的角色逐步被改变，乘客从车辆拥有者变为交通服务的购买者，同时乘客不仅是交通服务的享受者，也是交通数据的提供者与分享者，通过数据来改变和优化出行服务，汽车供应商与运营服务商、驾驶员与乘客之间的关系将日益模糊。

（3）人本化。一站式出行服务的设计核心是人的便捷出行，在规划、设计、运营、管理、服务各个环节都需要充分考虑用户需求，为所有的出行者提供最为合理的出行方案，以及安全、便捷、舒适的出行体验。

（4）低碳化。一站式出行服务以实现交通可持续发展为基本理念，以交通运行低碳化发展为根本前提，逐步扩大绿色出行和公共交通出行的比例，减少私人机动化的出行，是低能耗、低污染、低排放的交通发展模式。

国外已经有了一站式出行服务系统较为深入的尝试。美国开发了供波士顿、堪萨斯、华盛顿通勤者使用的智能手机应用 Bridj，实现了不同出行方式的选择，并且可以根据乘客需求预订情况优化上客点、下客点，制定线路，相对于传统公交线路，Bridj 提供的运行线路的运输效率可提高 40%～60%。加拿大 Transit 平台支持多式联运，集公共交通、打车、共享单车和共享电动摩托车于一体，通过融合其代理商的实时数据、用户数据，提供实时准确的移动端交通出行信息；欧洲 Whim 是世界第一个一站式出行服务商，其平台陆续开放接口并接入出租车公司、公共交通公司、共享单车服务商、共享汽车服务商，能根据用户的出行偏好、捕捉用户的出行时间规律，从而为用户推荐出行选择；瑞典哥德堡的 UbiGo 为瑞典的家庭提供出行月租服务，用户每月付一笔费用，即可享受打包出行服务，出行方式包括公共交通、网约车、租赁车、共享单车和出租车，用户只需要一键生成出行订单，便可享受一站式出行服务；德国铁路局开发的 Qixxit 整合了 21 个交通运营商，是第一个提供所有出行方式（包括飞机、火车、轮船、地铁、公交车、长途汽车、出租车、汽车、自行车等）服务的系统，能根据用户需求制订出行计划，提供理想的地铁换乘点，提供多种出行方式供出行者比较和选择。

我国的一站式出行服务体系刚刚起步。2019 年 11 月，北京市交通委员会与高德地图共同启动了北京交通绿色出行一体化服务平台（MaaS 平台）。双方采用政企合作模式，共享交通大数据，依托高德地图 App，打造北京 MaaS 平台。北京 MaaS 平台整合了地面公交、地铁、市郊铁路、步行、骑行、网约车、航空、铁路、长途大巴、自驾等各种交通出行服务，实现了行前规划、行中引导、行后绿色激励。与此前高德地图 App 功能相比，升级后的 App 可以提供实时公交和地铁拥挤度查询功能，并根据乘客定位提醒到站下车；在出行后，通过蚂蚁森林绿色能量和单车券等形式，对减少的碳排放进行激励。厦门市综合交通运行信息指挥中心建设了厦门交通一站式出行服务平台，主要分为“公共交通”“打车”“汽运”“水运”“航空”“自驾”“铁路”七大功能模块，整合了海、陆、空、铁等各类交通数据，涵盖了公交车、BRT（Bus Rapid Transit，快速公交系统）、巡游车、网约车、长途客车、航空、铁路、轮船、机场接驳等 11 种出行方式，可为市民提供刷码乘车、在线购票、线上打车、交通数据、服务热线查询等综合便民服务。

出行是人类最基本的生存需求，新技术、新理念、新模式和新需求必然带来新的发展趋势。中国作为全球最大的出行市场，一站式出行服务作为非常热门的理念，也是一种不同交通模式高度整合的门到门出行服务理念，在全球都具有非常广阔的市场。

1.3.6 预约出行

在世界大城市交通发展论坛上，北京交通发展研究院郭继孚院长提出，未来的交通应该可控、有序、高效，交通行业也可发展预约式的新型出行服务。以预约出行服务模式为主的未来交通系统能够从系统优化角度，在保证系统总体服务能力的情况下，改变出行需求时空分布，实现出行需求与系统服务能力适配，从而提升交通系统的服务效率。出行预约系统是一个需求响应的系统，基于出行需求可以对系统进行干预。让人们按照预约“时刻表”准时、可靠、高效地出行，实现“出行即服务”的理念，交通系统由“低效无序”转为“优化有序”。

目前已经开展的预约出行包括网约车、定制公交、预约进站、预约上路、预约过海等多种模式。

1．网约车——出租车车辆使用预约

网约车目前已经较为成熟，国内有神州、首汽、曹操、神马等多家网约车服务企业，提供包括预约出租车、快车、专车、豪华车等多样化服务。

2．定制公交——地面公交出行预约

定制公交目前主要发展的是固定线路的预约公共交通服务，由市民自行提出出行需求，自行设计线路，募集人数达到开线条件后即可开通固定线路。全国已有淮安、北京、沈阳、天津、成都、济南、哈尔滨、福州、厦门、徐州等多个城市陆续开通了定制公交服务。2013 年 9 月，北京定制公交平台正式上线，通州果园至国贸、管庄远洋一方至国贸、回龙观流星花园三区至中关村这 3 条线路，成为首批定制商务班车。2018 年 9 月，北京公交集团开通北京南站定制公交，实现“准门对门”的定制公交合乘服务。

3．预约进站——地铁出行预约

2020 年 3 月，在新冠肺炎疫情期间，为了控制地铁客流密度，在北京市交通委指导和北京交通发展研究院技术支持下，北京地铁公司在地铁五号线天通苑站、昌平线沙河站，六号线草房站等车站开展早高峰地铁预约进站试点，乘客可根据 App 预约时间进站乘车，预约乘客较常态下，每人可节省 10 ~ 20 分钟的站外排队时间，首创地铁预约进站模式。截至 2021 年 3 月，预约系统总注册用户达 11.7 万人，累计预约进站 117 万人次。随后，重庆地铁也推出地铁早晚高峰预约进站模式。

4．预约上路——私家车出行预约

2018 年 10 月，北京在回龙观地区启动“预约出行”系统试点，通过大数据和车载终端数据构建起一个后台交通系统，志愿者在 App 中填上下班时间、地点信息，以及可以错峰上下班时间，系统会为每个志愿者计算最优出行时间。通过一周的实验证明，错峰可以为出行者节省 15 ~ 20 分钟。

5．预约过海——轮渡运输预约

2018 年 10 月，在海口新海港和秀英港正式实行琼州海峡轮渡运输“预约过海”模式。所有出岛车辆按预约时间进港乘船过海，新海港、秀英港进港通道将不受理未预约购票车

辆进港，引导车辆、旅客有序过海，提高了琼州海峡轮渡运输通行效率，提高了乘客及司机的出行体验。

6. 预约驶入——高速公路驶入预约

2020 年 2 月，为防控新冠肺炎疫情，重庆高速公路实行网上预约通行，非渝籍车辆进出重庆高速公路需要至少提前 2 天预约。

7. 预约通行——景区通行预约

2018 年“五一”期间，深圳东部景区大鹏半岛试行“预约通行”措施，前往该区域的车辆必须先通过网络预约，成功后方可进入。大鹏半岛预约通行措施实施后，效果明显，不仅缓解了半岛内部交通，罗湖区交通也基本不受假日东部交通影响，一直维持正常运行水平。

诸多预约出行成功案例表明，未来预约系统将不再局限于医院、餐饮等行业，也将在交通行业大放异彩。预约出行将是使城市交通系统从无序到有序，变得可控、有序、高效，达到供需平衡的重要途径。

1.3.7 车路协同

车联网与车路协同突破性进展为 ITS 的发展打开了新一阶段的大门，数字化、网联化、协同化成为 ITS 的未来发展方向。智能车路协同系统的突出特征体现在三个方面：一是人-车-路三个子系统的协同，二是区域大规模联网联控，三是多模式交通网络的利用与信息交互。

国外很早就开始了车路协同的相关研究。美国是引领全球 ITS 技术的国家，在加州大学伯克利分校于 1997 年完成自动车队演示后，于 1998 年提出智能车辆协同计划，在 2001 年实施了行车安全通信项目，在 2005 年提出车辆与道路设施集成计划，作为车路协同的基本雏形。2003 年，美国交通部发布了 VII 车路协同系统项目，2009 年更名为 IntelliDrive，2011 年再次更名为智能互联汽车研究（CVR）。2014 年，美国在加州道路上完成了车联网的初步测试，实现了交通信号灯与车载设备间的通信。

欧洲的车路协同发展始于 ITS 组织 ERTICO 在 2003 年提出的“eSafety”系统，它已经成为欧盟道路交通发展规划的重要部分，其更加注重安全方面的研究，重视体系框架和标准的建立；2006 年，欧盟部署了 CVIS 车路协同项目，其成果在荷兰阿姆斯特丹进行了展示。

日本自 1995 年便着手开发道路车辆和信息通信系统。2005 年，日本政府和 23 家企业共同发起 Smartway 计划，重点在于整合 ITS 的各项功能和车载信息单元，使车辆与道路能双向传输，2007年已经初步完成部分公路测试。

我国车路协同技术虽起步较晚，但发展迅速。2000年，国家ITS中心开始对车路协同领域开展相应的研究。2010年，由清华大学、北京航空航天大学、武汉理工大学等10个单位联合研究智能车路协同的关键技术，建立我国的车路协同技术体系框架和开放车路协同系统，实现了10辆车的实车测试。2015年，国家层面确定我国车路协同的技术发展方向为基于移动宽带物联网，即LTE-V+5G，不同于美国的DSRC技术方向；同年，经交通运输部审核批准，金溢科技牵头成立智能车路协同关键技术及装备行业研发中心，清华大学校园成为国内车路协同首个园区运行示范基地。

2018年，奥迪、大众、一汽、东风、长安、上汽等汽车厂商采用搭载华为LTE-V2X车载终端的汽车，进行了V2X智慧交通场景演示；华为发布了C-V2X车联网领域的首个商用产品；阿里巴巴发布了车路协同的战略发展目标和计划；百度于2018年年底正式开源Apollo车路协同方案,标志着百度Apollo开放平台进入车端和路侧整体开源的新阶段；2018年，无锡建设完成现阶段全球最大规模的城市级车联网LTE-V2X网络，覆盖无锡市主城区、新城主要道路240个信号灯控路口，共170平方公里的规模；2018年，华为、首发集团、速通公司、奥迪中国在延崇高速（北京段）完成全国首例实际高速公路场景的车路协同测试。2019年，我国首次大规模商用车列队跟驰标准公开验证试验在天津市成功举行，中国重汽、东风商用车、福田戴姆勒三家车企参与；同年，深圳打造的“SMART BRT”系统落地，成为全国首次批量应用车路协同技术来做公交优先的案例。

2020年，发改委、工信部等11个国家部委联合印发《智能汽车创新发展战略》，提出到2025年，基本形成中国标准智能汽车的技术创新、产业生态、基础设施、法规标准、产品监管和网络安全体系；到2035年，实现建成中国标准智能汽车体系的目标。这直接推动了智能驾驶、车路协同V2X板块的形成，国家推进车联网建设的步伐进一步加快。

车路协同技术的应用场景主要包括辅助驾驶、危险预警、紧急避让、交叉口通行引导、绿波通行、弯道预警、匝道控制、交通系统预测等。对车路协同技术的广泛应用是未来交通网络的智慧性与安全性提升的重要方向。

1.3.8 自动驾驶

近年来，随着高精度地图、人工智能、视觉计算、物联网、雷达等方面技术的快速发展,自动驾驶逐渐成为各大汽车与互联网公司研究的热点领域。国际汽车工程师学会在2014年发布了自动驾驶的6个等级分类：L0：驾驶员完全掌控车辆；L1：自动系统有时能够辅助驾驶员完成某些驾驶任务；L2：自动系统能够完成某些驾驶任务，但驾驶员需要监控驾驶环境，完成剩余部分，同时保证在出现问题时进行接管；L3：自动系统既能完成某些驾驶任务，也能在某些情况下监控驾驶环境，但驾驶员必须准备好重新取得驾驶控制权；L4：

自动系统在某些环境和特定条件下，能够完成驾驶任务并监控驾驶环境；L5：自动系统在所有条件下都能完成的所有驾驶任务。我们所说的自动驾驶系统，通常是在 L3 ~ L5 等级，随着等级的提高，对系统的要求也随之提高。

美国研究机构 Navigant Research 发布了 2020 年自动驾驶竞争力排行榜单，Ford（福特）、Baidu（百度）、Toyota（丰田）、Volkswagen Group（大众集团）、BMW（宝马）、Volvo（沃尔沃）、Tesla（特斯拉）等 18 家企业入选，领先的依旧是谷歌 Waymo、通用 Cruise、福特三家企业，百度首次进入榜单第一梯队，而百度在 2019 年还处于第二阵营排名第八的位置，进步神速。

谷歌是自动驾驶领域开发和创新最积极的企业之一。2009 年，谷歌自动驾驶项目正式启动；2016 年，成立自动驾驶汽车公司 Waymo，成为目前自动驾驶领域的独角兽公司，对各地区的自动驾驶汽车进行测试；2018 年年底，Waymo 宣布在美国亚利桑那州的凤凰城推出首个商业化打车服务，成为首家自动驾驶车辆商业化落地的公司；此外，Waymo 拥有全球首个生产 L4 级自动驾驶车辆的工厂，已交付自动驾驶乘用车和卡车。

2016 年，通用汽车收购自动驾驶初创公司 Cruise。2019 年，Cruise 开始在美国旧金山测试自动驾驶食品配送服务，目前正在稳步实现自动驾驶商业化应用计划。2016 年，宝马、英特尔、Mobileye 牵头的自动驾驶联盟成立，三方将联合研发自动驾驶汽车，联盟在德国、美国和以色列都组建了自动驾驶测试车队，计划在 2021 年实现自动驾驶汽车商业化的目标。2017 年，英特尔收购以色列科技企业 Mobileye。2016 年，沃尔沃与 Uber 达成战略协议，双方将联合开发自动驾驶汽车和技术。2019 年，特斯拉宣布其新的全自动驾驶计算机已经投入生产，将特斯拉自主研发的芯片搭载到车辆上实现全自动驾驶功能。

我国科技巨头和车企也均在自动驾驶领域积极发展。2015 年百度自动驾驶事业部（ADU）成立，2017 年正式公布了 Apollo 计划，2018 年百度 AI 开发者大会上，李彦宏宣布百度与金龙客车合作的全球第一款 L4 级别的量产车阿波龙正式下线。截至 2019 年 12 月，百度 Apollo 车队总测试里程累计超过 300 万公里，覆盖北京、武汉、沧州和长春等 23 个城市。

腾讯在 2016 年下半年成立自动驾驶实验室，2017 年与上海国际汽车城签约，将其自动驾驶汽车路测项目组落户在上海。阿里巴巴在 2015 年宣布设立 10 亿元的“互联网汽车基金”，并在 2017 年携手上汽推出首款互联网汽车。2020 年，长安汽车举办了全国首款提供 L3 级别自动驾驶功能的量产车型 UNI-T 的路测直播。2020 年，广汽新能源对外发布了 Aion LX 全球首款搭载高精度地图并实现 L3 自动驾驶的可交付车型。2020 年，小鹏、长城、北汽新能源、威马等车企陆续实现 L3 级自动驾驶汽车的量产。

自动驾驶是 ITS 未来数十年内的一种发展趋势，全网车辆的自动化驾驶将彻底改变交通系统的运行状态，将使交通运行效率、安全、容量等得到极大的提升。随着技术的发展、车辆智能化水平的提升，完全量产的自动驾驶汽车的出现指日可待。

1.4 国家政策与形势

党的十九大明确提出“交通强国”的宏伟目标，吹响了交通强国建设的号角。近年来，国家颁布了一系列政策及行业相关的鼓励细则和指导文件支持智能交通行业的发展。

2019 年 9 月，中共中央和国务院印发《交通强国建设纲要》，提出到 2035 年，基本建成交通强国，构建安全、便捷、高效、绿色、经济的现代化综合交通体系，打造一流设施、一流技术、一流管理、一流服务，建成人民满意、保障有力、世界前列的交通强国。2020 年，发改委、工信部等 11 个国家部委联合印发《智能汽车创新发展战略》，提出到 2025 年，中国标准智能汽车的技术创新、产业生态、基础设施、法规标准、产品监管和网络安全体系基本形成。2017 年 7 月，国务院印发《新一代人工智能发展规划》，提出研究建立营运车辆自动驾驶与车路协同的技术体系。研发复杂场景下的多维交通信息综合大数据应用平台，实现智能化交通疏导和综合运行协调指挥，建成覆盖地面、轨道、低空和海上的智能交通监控、管理和服务系统。2017 年 2 月，交通运输部印发《推进智慧交通发展行动计划（2017—2020 年）》，提出以方便公众出行、提高运输效率、增进交通安全、加强环境保护为切入点，按照“目标导向、模块推进、示范引领、市场驱动”的原则，聚焦基础设施、生产组织、运输服务和决策监管等重要领域，加快智慧交通建设，提升基础能力，加强集成应用。2017 年 9 月，交通运输部印发《智慧交通让出行更便捷行动方案（2017—2020 年）》，提出推动以企业为主体的智慧交通出行信息服务体系建设，促进“互联网+”便捷交通发展，让人民群众出行更便捷。

为了推动大数据在交通领域的深度应用，交通运输部于 2019 年 7 月发布《数字交通发展规划纲要》，强调促进先进信息技术与交通运输深度融合，以“数据链”为主线，构建数字化的采集体系、网络化的传输体系和智能化的应用体系，加快交通运输信息化向数字化、网络化、智能化发展，为交通强国建设提供支撑；2019 年 12 月，交通运输部发布《推进综合交通运输大数据发展行动纲要（2020—2025）》，提出实施综合交通运输大数据发展“五大行动”，推动大数据与综合交通运输深度融合，有效构建综合交通大数据中心体系，为加快建设交通强国提供有力支撑。

《2021 年国务院政府工作报告》明确指出，统筹推进传统基础设施和新型基础设施建设。加快数字化发展，打造数字经济新优势，协同推进数字产业化和产业数字化转型，加快数字社会建设步伐，提高数字政府建设水平，营造良好数字生态，建设数字中国。“新基建”多次被写入政府工作报告，也为 ITS 建设带来新的发展机遇。

第2章

城市交通大脑起源与发展

经过20余年的交通智能化建设，我国在交通管理、出行服务等方面卓有成效。但ITS发展到当今阶段，一方面，智能驾驶、共享出行等新型出行模式和前沿科技的进步推动智能交通向智慧型管理模式迈进；另一方面，传统交通治理模式发展到特定阶段，诸多问题难以突破，需积极寻求系统性、精准化的技术和模式创新，传统交通治理将向更为智慧、高效和精细的方向转变。在这种背景下，国内外纷纷探索智能交通系统发展的新路径，国内互联网企业着眼于移动互联网、云计算与交通的融合发展，提出“城市交通大脑”的概念[6]。

被炒的火热的城市交通大脑在行业内褒贬不一。那么，城市交通大脑究竟是什么？是“旧瓶装新酒”？还是智能交通系统的一场革命？

2.1 城市交通大脑的提出

2009年，IBM公司总裁兼首席执行官彭明盛发表演讲《智慧地球：下一代的领导议程》，首次提出了“智慧地球”的概念，建议政府加强智慧基础设施建设。此后，智慧城市建设在全球范围内展开，中国也有上百个城市或地区提出建设“智慧城市”。

2015年，互联网进化论研究者刘峰的一篇论文《基于互联网大脑架构的智慧城市建设探讨》将“城市大脑”的概念首次提出，同时给出城市大脑的架构与建设方向。

2016年3月，阿里巴巴在杭州启动城市大脑。随之，易华录、华为、百度、高德、腾讯等诸多互联网企业利用其大数据、云计算、人工智能、自动驾驶、即时通信等方面的技术优势，先后发布了城市交通大脑产品，在全国各地开展城市交通大脑的探索和试点建设。

2.1.1 阿里巴巴

阿里巴巴是最早提出城市大脑并着手开展试点建设的企业。

2016 年 3 月，阿里巴巴正式启动“ET 城市大脑”，并陆续在杭州、萧山、苏州等城市开展建设试点，城市大脑由概念走向了实践。阿里巴巴对城市大脑的建设与应用前景信心十足。

阿里巴巴的城市大脑在诞生之初被赋予的“使命”是，解决城市“四肢发达、头脑简单”的弊病。2016 年 10 月，阿里云在云栖大会宣布将给杭州安装一个“大脑”，从交通管理、公交系统调度和优化、交通管理服务、交通设施建设四个方面改善交通拥堵状况。2017 年，杭州城市“数据大脑”交通 V1.0 平台上线测试运行，共接入 93 个路口和高架匝道信号灯、140 路监控视频。

2018 年 6 月，阿里云联合高德地图发布“城市大脑·智慧交通战略”，融入高德的交通导航技术为行业用户提供基础预警、智能诱导、事件管理、研判解决四大方案，实现联动真实世界、均衡导航用户和优化信号配时三大功能；6 月底，阿里云研究中心发布《城市大脑探索“数字孪生城市”白皮书》，指出真正的城市大脑应有三大衡量标准，即整体认知、机器学习、全局协同，市场应去伪存真。2018 年 10 月，杭州城市大脑 2.0 发布；2018 年 12 月，杭州城市大脑综合版发布；在 2020 年阿里云峰会上，城市大脑 3.0 正式发布，更强调数据智能，进行感知能力的强化，致力于城市要素的智能化融合。

阿里巴巴的交通大脑面向于交通管控业务，侧重于交通视频监控与信号控制，其理念是“消灭摄像头与信号灯之间的距离”。阿里巴巴认为，城市数据远远超过人类的认知能力，城市大脑可以成为人类认知城市、改造城市、运营城市的强大助手，拥有以下四种“超能力”。

（1）机器视觉认知能力：提升城市视频数据价值与感知能力。基于全量视频数据采集，实时分析事件，实现“算无遗策”，全面识别路况。

（2）全量数据平台建设能力：提升城市“数据密度”与“微粒管理”水平。打通数据孤岛，建立数据标准生态，建立数据指标体系。

（3）交通网络协同与交通博弈预测能力：大规模动态拓扑网络下的实时计算。实时分析动态交通网络，实现动态交通网络下的精准路线规划，实现车路实时协同。

（4）城市大脑开放平台能力：赋能全球互联网人才与城市数字经济产业带。开放平台能力，构建大脑生态圈。

为了实现城市大脑的“超能力”，阿里巴巴基于基础设施资源，平台资源，地图、物联网、视频等数据资源，天耀、天鹰、天机、天擎四个视觉 AI 服务，建设以下四大平台，支撑其整体技术架构。

（1）应用支撑平台：构建精细感知到优化管理的全闭环，以计算力消耗换来人力与自然资源的节约。

（2）智能平台：开放的智能平台，通过深度学习技术挖掘数据资源中的金矿，让城市具备思考的能力。

（3）数据资源平台：全网数据实时汇聚，让数据真正成为资源，保障数据安全，提升数据质量，通过数据调度实现数据价值。

（4）一体化计算平台：具备极致弹性，支持城市全量数据的实时计算，为城市大脑提供 EB 级别的存储能力、每日 PB 级别的数据处理能力、百万路级别的视频实时分析能力。

在此基础上，阿里巴巴的城市大脑部署了城市交通体征检测、城市警情自动监控、城市交通微控闭环、城市紧急车辆优先通行、城市布局规划验证五大应用场景。

（1）城市交通体征检测：通过全量、全网、跨领域多源数据的汇聚与融合，完整量化城市"生命体征"，避免因为单一数据来源造成针对城市病"头痛医头，脚痛医脚"的现象。

（2）城市警情自动监控：机器视觉让数据多跑腿，警员少跑腿。

（3）城市交通微控闭环：打通"大脑""眼睛""手脚"之间的反馈控制系统，从多源数据出发，用全局智能算法对全城大规模信号灯精细化控制。

（4）城市紧急车辆优先通行：将路权实时调配给有急迫需要的市民。

（5）城市布局规划验证：在云端以仿真数据模型验证城市蓝图规划效果。

在 2019 杭州·云栖大会上，阿里云公布了城市大脑三年来取得的一系列进展：全球 23 个城市（杭州、海口、北京、上海、重庆、广州、天津、拉萨、武汉、郑州、石家庄、太原、西安、成都、苏州、合肥、雄安、晋城、衢州、湖州、泸州、澳门、吉隆坡）引入城市大脑，覆盖了交通、城管、文旅、卫健等 11 个领域、48 个场景。作为建设"先驱"，阿里巴巴对其城市大脑信心满满，我们可以拭目以待，看阿里巴巴能否给我们的城市带来更多的惊喜。

2.1.2 易华录

易华录是交通行业的领军企业，在信号控制、交通管控方面有多年的技术积累，在技术蓬勃发展的今天，也积极探索人工智能技术在交通领域的融合应用路径。

2017 年，易华录发布了"易慧"城市交通大脑和"易策"交通管理晴雨表两款产品。同时，易华录与华为携手共建智能交通新生态，联合发布"易华录&华为公安交通大数据分析解决方案"。2019 年，易华录推出"城市交通大脑 2.0"，在算力和算法上全面升级。

"易慧"城市交通大脑，通过构建大数据资源体系，支撑公安交管和交通运输两大业务方向，实现"通""管""智""察"四个方面的价值提升，实现六个方面的核心功能：交通数据汇聚与整合能力、交通数据存储管理能力、交通数据模型及算法库、交通要素画像模型、标准开放的数据访问接口、智能化平台运维，支撑交通数据管理及共享交换、智能化数据分析、交通业务及服务。

“易策”是在“易慧”的基础上建立的面向公安交管的业务平台，辅助提升交管决策能力，包含交通态势看板、路网交通负荷分析及优化调控平台、通行车辆查控执法研判平台、勤务指挥调度平台、智能视频巡查、交通数据魔方、重点对象画像-图谱及能力匹配分析平台和系统运维平台。

“易华录&华为公安交通大数据分析解决方案”融合公安交管业务和大数据云存储云计算技术，以支撑公安交管领域的大数据应用。该方案在公安交管人车画像、视频解析、轨迹追踪、综合研判等方面进行联合创新，提供面向公安交管业务的通行监控、缉查布控、实战分析、拥堵分析、数据易淘、综合研判六大核心功能模块。

“城市交通大脑 2.0”借助大数据分析，构建了八大场景化应用，包含全息感知、预测预警、调度调控三个方面。

（1）全息感知方面：在宏观层面实现了从城市到区域，从区域到路段、路口的交通运行态势感知研判。在微观层面实现了对机动车、驾驶人、道路、交通事件、重点企业 5 类交通要素的画像。

（2）预测预警方面：实现了针对城市交通安全隐患的预警监管。

（3）调度调控方面：实现对路网通行的管控和处置，包括情指勤督、信控优化、重点车辆安全监管。

易华录的城市交通大脑在省级、地市级、区县级项目中实现了落地应用。

2.1.3 华为

华为在 2012 年开始探索智能交通业务，主要面向交管方向。

2017 年 7 月，华为与深圳交警创建“联合创新实验室”；9 月，华为与深圳交警联合打造“城市交通大脑”，并荣获了 2017 世界智慧城市博览会——平安城市专项奖；2019 年，“城市交通大脑”升级为“鹏城交通智能体”，并基于“全城信号灯智能化管控”的具体目标，全面提升交通智慧化、精准化管控水平。2018 年 4 月，华为与北京市交管局合作，在北京海淀区上地三街与上地东路交叉路口，开展利用 AI 算法实现信号配时优化的试点应用。华为主打“智慧城市”体系，采用 1+1+N（1 个数字平台+1 个智慧大脑+N 个应用）的建设模式，比较有特色的是城市运营中心，典型案例包括东莞市数字政府、深圳市盐田区数字政府等。

华为智慧交通解决方案总监何均宏提出，在交通大脑的平台层要能够支持各个交通出行方、管理方、管理算法、管理应用，借助平台数据、智能和应用，去打通交通管理回路，让各方更快速、更全面地进行评估，实现交通管理快速优化。

华为的交通大脑平台具备三种智能，即计算智能、感知智能、认知智能，高效地支持各种前端采集、数据分析、业务交互、应用对接。

（1）计算智能：采用神经网络处理器提供强大学习能力，采用微服务智能容器运行多种算法，对交通监控视频、卡口图片、电警图片、违法及过车数据、年检及保险等数据进行深度分析挖掘。

（2）感知智能：基于算法仓，支持多种交通管理算法、模型，实现对交通流量、事件、违法行为的动态全域感知。

（3）认知智能：基于数据挖掘、知识图谱、强化学习，发现交通出行规律、违法车辆轨迹，支持交通路况分析、研判，进行信号灯配时协同优化。

华为的交通大脑平台是以交通管理业务为中心的开放平台，提供连接、计算、分析能力，服务于交通出行者、交通管理者、监督者、指挥者。整体方案分为三层：前端、平台、应用。

（1）前端：包括道路监控、交通卡口、电子警察、信号灯、执法仪等。

（2）平台：包括云计算、云存储、云网络、交通大数据湖、开放算法仓，以及交通视频分析算法、违法智能分析算法、时空分析算法、信号优化算法。

（3）应用：包括缉查布控、违章取证、违法处理、信号优化、交通诱导、出行提示、执法监督。

华为的智慧交通解决方案，包括以下五个子方案。

（1）全城交通视频图片联网共享方案。基于全城联网共享，构建整个城市交通视频图片库和数据资源池。

（2）全城交通智能分析和非现场执法方案。通过开放平台和算法仓，支持全城开车打手机、不系安全带、压实线、不按道行驶等违法行为的刷脸执法，实现智能非现场执法持续演进。

（3）全城交通违法大数据快速打击方案。交通警力紧张，每次专项行动都必须有重大执法成果、必须有威慑力，30 分钟输出情报，这就需要大数据打击建模引擎的支持。

（4）全城智慧交通流管控方案。基于地面交通流量，融合互联网数据，形成精准交通态势感知，及时发现路面交通拥堵和拥堵点并进行预警，提高处置效率。

（5）全城智慧交通信号配时方案（TrafficGo）。TrafficGo 自己主动学习全城路网交通流量规律，生成信号优化配时方案，与交通信号控制系统对接，主动缓解交通拥堵现象。TrafficGo 的独特优势是：全量实时采集路面交通流量、事件；实时多路口联合协同训练；对路口、路段、子区进行协同控制。

何均宏表示，基于华为交通大脑开放平台的生态圈，现在已能支持交通状态感知、智能非现场执法、大数据违法打击、智能交通路况服务、智能信号控制等业务，实现整个交通管理系统的闭环。目前，除了北京、深圳等城市，华为智能交通的合作伙伴已经开始为全国各地更多的交警部门服务。

2.1.4 百度

百度在交通领域的发力点主要是车路协同与自动驾驶方向，并在“全球 2020 年自动驾驶竞争力排行榜单”中冲进第一梯队，排名仅在谷歌、通用、福特之后。

在智慧城市领域中，百度也同样有所布局。2014 年，百度提出了“百度大脑”，作为百度大脑的重要组成部分，百度交通大脑是百度地图基于自身交通大数据、云计算与人工智能技术优势推出的交通解决方案，重点面向智慧交通管控领域，侧重于智能信号控制。2018 年，百度发布了“百度大脑 3.0”“百度交通大脑智慧信号灯 2.0 解决方案”，以及 AI 城市“ACE 王牌计划”。“ACE 王牌计划”将以自动驾驶、车路协同、智能城市为发展脉络，坚守智能化、自动化，连接激活、高效的理念，让 AI 走进城市的每个角落。

2020 年 5 月，百度智能云重磅发布智慧城市解决方案和《百度城市大脑白皮书》，介绍了百度的“城市大脑”技术优势：时空关联融合、全局实时感知的数据优势，全栈 AI 能力、实时智能响应的技术优势，开放生态合作、汇聚多方资源的生态优势；提出了百度城市大脑愿景和“1+2+1”城市大脑架构[7]，包括城市感知中台、城市数据中台、城市 AI 中台和城市智能交互中台。

（1）底层是城市感知中台，主要负责多源数据采集及全要素映射，为上层提供所需的数据输入，实现城市物理空间与数字空间的全时全域动态映射，即数字孪生城市。

（2）中间是城市 AI 中台和城市数据中台，前者负责算法的研发、调度和运营管理，保障各种来源、各种功能的 AI 模型能够在系统中集成和运行，让城市大脑变得更聪明；后者支持多源数据融合、治理及分析过程，实现城市数据的融合碰撞，提升数据价值密度。

（3）上层是城市智能交互中台，主要通过“时空一张图”展现对城市全要素、全状态的全景洞察，并将文字、图片、语音、视频等多模态信息进行智能化一键搜索。

此外，《百度城市白皮书》还提出了百度城市大脑的典型场景，包括城市智能基础设施、多维数据融合与共治共享、应急管理现代化、现代化智能交通体系、城市精细化管理五个方面。百度将交通作为五大典型场景之一进行了布局，提供交通态势研判、交通事件检测、信号控制服务、智能停车、智慧公交、智能出租六个方面的服务。

百度交通大脑的技术框架分为三层：感知层、决策层和输出层。

（1）感知层：是对于真实世界的索引，互联网地图可以真实地感知道路变化、车辆行驶等数据。

（2）决策层：政府做交通规划、建设管理等，需要更多的人工智能决策支持，对此，开放了规划平台和研判平台。

（3）输出层：交通部门对交通路网进行优化，需要一些优秀产品。智慧信号灯是输出层的一部分，信号解决方案是百度交通大脑的一部分，也是重要部分。

2018 年，百度与大连交警合作，将百度交通大脑落地大连；同时，参与北京市“海淀城市大脑”建设，与北京市海淀区政府签署《建设海淀区“城市大脑”合作备忘录》；与北京市海淀区西北旺镇人民政府签署合作协议，共建“智慧西北旺”，构建中关村科学城新型城市形态。

2.1.5　腾讯

腾讯的 AI 战略目标是“AI in all”“连接一切”，具有微信、小程序、QQ、微信支付等产品的强大用户优势。

2017 年，腾讯优图推出 AI 安防平台“优图天眼智能交通平台”，可用于智能化车辆分析与检索，重点应用于交通安全保障、交通治理、违法追逃等场景。2018 年，腾讯发布了包括乘车码、智能出行助手、定制巴士、城市神经中枢在内的四款智慧交通产品，乘车码覆盖城市超过 100 个。2019 年 5 月，腾讯首次提出智慧城市发展理念“WeCity 未来城市”，以腾讯云的基础产品和能力为底层，为数字政务、城市治理、城市决策和产业互联等领域提供解决方案。2019 年 9 月，腾讯与广州地铁联合推出全国首个轨道交通智慧大脑——穗腾 OS。

“腾讯优图天眼智能交通平台”是面向交通监控、交通治理过程中对于智能感知、智能分析、智能决策需求而开发的智慧交通平台，主打跨摄像头识别分析运用，如车辆搜索、车辆全城追踪、二次分析等。优图天眼智能交通平台适用场景如下。

（1）警务车辆信息系统：实现实时预警，快速布控。

（2）车辆通行保障：实时追踪车辆，协助远程控制信号系统，保障车辆快速通行。

（3）车辆布控追逃：视频锁定指定车辆，实时描述车辆位置、行驶轨迹，自动调用能拍摄到指定车辆的视频资源，持续追踪，协助布控或拦截。

（4）车辆相关零售金融：将车辆识别功能运用到车辆零售或银行信息系统中，辅助用户画像，提供智能服务信息。

乘车码、智能出行助手、定制巴士、城市神经中枢四款智慧交通产品主要面向出行者公共交通出行服务与政府交通治理。

（1）乘车码：基于微信小程序的出行服务，适用于多个交通场景的二维码支付，优化了网络状况不佳情况下的支付体验，可享受“先乘车，后付费”服务。

（2）智能出行助手：用于公共交通出行信息服务，通过实时公交或地铁播报为用户提供出行信息，提升出行效率和乘客的出行体验。

（3）定制巴士：可以根据用户需求及客流情况定制巴士路线，精准匹配交通出行需求，提高服务效率。

（4）城市神经中枢：整合实时交通数据，通过智能计算分析与可视化展示，实现城市交通智能化治理。具体分为城市数据资源仓库、一体化大型计算平台、应用展示指挥终端三个部分。

目前，腾讯智慧城市服务已覆盖超过 35 个省（市）、地区，“WeCity 未来城市”的首个落地项目已在长沙开展，打造长沙城市超级大脑，主要覆盖智慧政务、智慧医疗、智慧文旅等领域。在交通方面，除腾讯与广州地铁合作的穗腾 OS 外，腾讯与江苏交控、高灯科技达成战略合作，共同构建江苏省综合智慧交通大脑；腾讯地图与西安交通运输局签订战略合作协议，共同构建西安公共交通智慧大脑。

2.1.6 企业产品优势与特征

以阿里巴巴、百度、腾讯、华为等为代表的互联网企业，利用其“大数据”“云计算”“人工智能”“自动驾驶”“即时通信”等方面的技术优势，都在积极研发智能交通应用产品，但各企业技术优势与产品侧重点各有不同，如阿里云主打“飞天”云操作系统，百度主推“Apollo”自动驾驶平台，高德地图、百度地图的精细化地图产品，华为的车路协同，腾讯的位置服务等，从不同方面推动了智能交通模式与业态的创新和发展。

在城市交通大脑建设方面，各企业综合实力对比见表 2.1。

表 2.1 各企业综合实力对比

综合实力	阿里巴巴	百度	华为	腾讯
技术优势	云平台、云计算、ET大脑、视觉计算、高精度地图（高德）	浮动车数据、自动驾驶技术、V2X信息技术、高精度地图、边缘计算、语音画像技术	通信技术、AI硬件开发能力、秒级提供逻辑服务器、流式数据实时调度能力、全局异构资源调度能力、强大的数据算法仓	云计算、大数据、移动互联网、电子身份识别、综合社区图谱、位置信息、全方位支付
产品开发	飞天云操作系统、ET大脑、（高德）预警精灵	Apollo（阿波龙）自动驾驶平台、DuGIS 智慧离线地图、Duer智慧语音系统、智慧信号灯异常报警平台	开放的计算平台Atlas、灵活的EI（Enterprise Intelligent，企业智能化）平台	腾讯地图、微信小程序、微信支付、交通出行优图天眼交通平台
应用场景	区域信号与组织优化、交通评价与优化、公交线网优化、交通安全防控、2C端智能诱导	交通台式监测、智慧信号系统、交通事件信息检测、自动驾驶协同感知	自动驾驶、车路协同	地区人流分析、人员迁徙途径、行为轨迹分析、交通出行智能缴费系统

（续表）

综合实力	阿里巴巴	百度	华为	腾讯
数据资源	高德地图：POI数据6500+；日均用户搜索次数达亿级；POI月度更新1000万；POI季度更新1500万；近800万公里导航道路数据；数据属性400+	百度地图全球POI总数超过1.5亿，每日位置服务请求次数超过800亿，每日导航服务超2亿公里，定位数据来自115万名开发者、65万个App及网站	—	位置数据：全球日均360亿次
企业示范落地	帮助国内外多个城市地区（苏州、杭州、萧山、衢州、乌镇、余杭、上海、吉隆坡等）完成向新一代数字孪生城市的转型升级	与北京交管局进行后厂村路、上地区域智慧信号灯联合治理；与大连交警将全城实时信号灯数据引入交通大脑，进行信号配时与互联网车流轨迹机器学习探索；百度地图与深圳、成都等13个交警部门进行大数据共享	2017 年，深圳交警与华为共同打造业界领先的智慧交通实验室，构建城市交通大脑	智慧城市服务已覆盖超过35个省（市）地区，同时联合北京、广州、合肥等城市实现地铁扫码支付系统落地，乘车码覆盖城市超过100个

1．技术优势

各企业由于自身业务与发展方向的不同具备不同的企业优势。阿里巴巴以强大的“云平台”“云计算”“视觉计算”见长，并结合了高德地图的“高精度地图”技术。百度在其搜索业务与地图业务的基础上积累了大量的浮动车数据，并专注于自动驾驶技术、V2X 信息技术、高精度地图、边缘计算、语音画像技术。华为具备通信技术、AI 硬件编排能力、逻辑服务器、流式数据实时调度能力、全局异构资源调度能力、强大的数据算法仓等。腾讯在云计算、大数据、移动互联网、电子身份识别、综合社区图谱、位置信息、全方位支付方面见长。

2．产品开发

各企业依托自身的业务形态开发不同领域的智能交通产品与系统。阿里巴巴的飞天云操作系统可以对多个计算集群进行统一管理，高德开发的预警精灵是一种集交通安全、定位技术于一体的道路作业安全保障智能设备。百度开发了 Apollo（阿波龙）自动驾驶平台、DuGIS 智慧离线地图、Duer 智慧语音系统、智慧信号灯异常报警平台。华为具备开放的计算平台 Atlas、灵活的 EI 平台。腾讯目前在交通领域的产品涉及腾讯地图、微信小程序、微信支付、优图天眼交通平台等。

3．应用场景

总体上，各企业提出的应用场景的构想集中于道路运行监测、智能信号控制、公交线网优化、交通安全防控等。阿里巴巴提出要在全量视频数据的基础上进行交通警情监测；百度构想面向未来自动驾驶技术实现车路协同管理；华为主攻自动驾驶、车路协同；腾讯主要基于其位置数据进行地区人流分析、人员迁徙途径、行为轨迹分析，并开发交通出行智能缴费系统。

4．数据资源

阿里巴巴目前的数据资源配备为 POI 数据 6500+，日均用户搜索次数达亿级，POI 月度更新 1000 万，POI 季度更新 1500 万，近 800 万公里导航道路数据，数据属性 400+，专业的云团队与高德地图团队投入城市交通大脑的建设中。百度的数据资源主要来源于搜索请求与百度地图数据，百度地图全球 POI 总数超过 1.5 亿，每日位置服务请求次数超过 800 亿，每日导航服务超 2 亿公里，定位数据来自 115 万名开发者、65 万个 App 及网站，主要人员储备为百度地图团队与百度智慧城市事业部人员。腾讯的主要数据资源为位置数据：全球日均 360 亿次。

5．企业示范落地

阿里巴巴自 2016 年以来，帮助国内外 23 个城市地区（苏州、杭州、萧山、衢州、乌镇、余杭、上海、吉隆坡等）完成向新一代数字孪生城市的转型升级。百度曾与北京交管局进行后厂村路、上地区域智慧信号灯联合治理；与大连交警将全城实时信号灯数据引入交通大脑，进行信号配时与互联网车流轨迹机器学习探索；百度地图与深圳、成都等 13 个交警部门进行大数据共享。华为与深圳交警共同打造业界领先的智慧交通实验室，构建城市大脑。腾讯智慧城市服务已覆盖超过 35 个省（市）地区；同时联合北京、广州、合肥等城市实现地铁扫码支付系统落地，乘车码覆盖城市超过 100 个。

2.2 城市交通大脑建设现状

2016—2019 年，我国诸多城市在政府与企业的合作下纷纷尝试给城市装上“大脑”，经过三年的建设，部分城市已经取得了明显效果，各个城市建设交通大脑的“成绩单”如下。

2.2.1 杭州

2016 年 3 月，杭州启动城市大脑，由杭州市政府主导，包括阿里云在内的 13 家企业参与其中。2018 年，杭州城市大脑迭代升级，发布交通 V2.0 版本。2020 年 3 月，习近平总书记在杭州城市大脑运营指挥中心考察时指出，让城市更聪明一些、更智慧一些，是推动城市治理体系和治理能力现代化的必由之路，前景广阔。根据杭州市人大 2020 年度立法计划，司法局组织起草了《杭州城市大脑数字赋能城市治理促进条例（草案）》，为城市交通大脑的建设提供了制度保障和良好的发展环境，标志着城市大脑建设将向着更为规模化、规范化、体系化的方向发展。

1. 主要功能

（1）红绿灯智能调控。

（2）实时自动发现交通异常事件。

（3）数据融合找到交通堵点。

（4）发现交通治理乱象。对一些违规的交通事件（比如乱停车）可以实时抓拍。

（5）支撑特种车辆优先通行。

2. 建设效果

杭州城市大脑已覆盖交通等 11 大系统和 48 个应用场景，实现车辆在途数、拥堵指数、延误指数等 7 项数据的实时感知，初步实现快速救援、实时信息发布、与市民双向互动等功能，做到全市覆盖、全市应用。杭州的“交通大脑”建设效果直观体现在效率的提升和出行服务的优化上。

（1）拥堵水平改善：在百城拥堵指数排名中，杭州从 2015 年的前 3 位降到了 2019 年的第 35 位。

（2）信号灯智能配时：已覆盖路口 1300 个，接入视频 4500 路。路段通行速度提升 15%。

（3）应急车辆一路护航：应急车辆到达时间节省 50%。

（4）高架路效率提升：杭州上塘高架路 22 公里里程，出行时间平均节省 4.6 分钟。

（5）智能巡检系统：覆盖 3400 路监控球机，每 2 分钟便对城市道路交通状况进行一次扫描。可跟踪两客一危车辆，智能识别 110 种警情。实现主动报警，日均发现警情 3 万余起，准确率在 95%以上。

（6）警力调配系统：通过手持终端，直接指挥杭州市 200 余名交警就近前往现场处置。

（7）公共交通工具调度：基于视频、高德和运营商等数据，识别人群密集区域，测算所需运力，进行公交车班次规划、出租车调度等，降低人群滞留率。

（8）人工智能公交线路：基于公交大数据，设计全新公交线路、包括站点设置、线路布置、首末班车时间、潜在客流分析、运营时间设定等。已开通两路大数据公交。

（9）便捷泊车：全市实现“先离场后付费”，停车泊位增加到 68.9 万个，累计提供 537 万次服务。

（10）智慧停车系统：包括智能停车诱导系统和无感支付系统，实时监测停车数量、空置率、周转率，并基于数据智能预测下一时间段停车情况。

2.2.2 深圳

2017 年 7 月，深圳交警与华为联合打造城市交通大脑；11 月，在西班牙巴塞罗那的“2017 年世界智慧城市博览会”上，“深圳城市交通大脑项目”荣获“2017 世界智慧城市博览会——平安城市”专项奖，嘉奖深圳在“智慧交通”领域中的卓越创新成果。

深圳“城市交通大脑”覆盖五个典型应用场景，并取得了相应的成效。

场景 1：实时交通流量监测，全城交通流量感知。深圳交警建立了道路动态监控体系，通过视频方式检测交通流量，检测准确率达到 95%。每月采集过车数据约 7 亿条，同时整合内、外部 78 个系统数据库近 40TB 的数据，支持基于交通大数据的拥堵分析和优化方案制定。

场景 2：人工智能图片识别，辅助交通执法。大数据研判平台实现了对卡口数据运算的秒级响应，基于对车辆外观特征识别的二次识别技术，使日处理图片能力达到 1000 万张，对于违章图片的识别率达到 95%以上。人工智能技术的使用，提升了 10 倍的违章图片识别效率，确保了违章图片的闭环处理。2017 年，深圳交警非现场执法 363 万宗，同比增长 21.4%，现场执法 238 万宗，同比增长 170%；2018 年上半年，通过部署开车打手机、未系安全带、刷脸执法等 AI 应用，深圳交警执法量增加了 15%。

场景 3：大数据精准打击，提升违法违章查处效率。依托大数据平台及交通分析建模引擎，创建“失驾”“毒驾”、多次违法等大数据分析模型，30 分钟就能形成情报精准推送，开展数据打击专项行动精准查处、定向清除，工作效率较以往提升 10 倍，套牌、假牌、报废、多次违法车辆在深圳道路已基本绝迹。

场景 4：智能优化交通信号，提升市民出行体验。基于交通时空引擎，融合卡口、浮动车等数据，建立全市所有信号交叉口的实时监控系统，制定精准的交通信号管控模式。通过管控大数据，科学设置路口渠化及交通组织，道路通行能力提高 8%左右。2017 年，龙华区冲之大道稼先路路口进行 AI 信号优化后，在 7:30—9:30 早高峰时段，平均延误降低 24.2%、高峰时段单位时间过车数增加 3.5%。至 2020 年，深圳划定了 10 个典型的智能信控场景区域，包括侨香交通走廊、梅林生活区、福中慢行区、龙华工业区等，智能信号灯控试点已从坂田片区扩大到梅林片区、侨香路沿线、龙华大浪片区等区域综合试点，其中梅林片区早高峰平均车速提升了 8%，平均延误下降 12%，其他区域正在稳步推进。

场景 5：数据集中存储，奠定大数据分析基础。交通大脑提供了完整、高性能的全网视频存储方案，实现不同业务层级数据统一存储、统一分析、统一管理，支持存储资源全局共享、业务快速部署和弹性伸缩，有效提升交警资源自用率，减少重复投资。

2017 年，深圳道路交通事故死亡人数比 2016 年减少 70 人，下降幅度为近 5 年最大；

全市道路交通拥堵指数从 1.44 下降至 1.38；城市交通文明指数创下监测以来的最高分；深圳城市交通大脑多项创新成果应用落地并得到央视媒体跟踪报道。2020 年，深圳交警在超过 700 个路口大规模部署 TrafficGo 解决方案。

未来，深圳交警还将基于 5G 技术打造智能化警用终端；深圳鹏城交通智能体将在“高可靠、低时延、5G 车联网”“全网智能交通协同”“交通出行深度强化学习”“智能&自动驾驶管理”等方向探索更多、更优质的交通业务。

2.2.3　北京

北京从 2018 年开始探索城市大脑和城市交通大脑的规划与建设工作，其中具有代表性的为海淀“城市大脑”。2018 年 2 月，海淀区政府与百度签订《建设海淀“城市大脑”合作备忘录》；2019 年 4 月，以百度为核心企业，与千方科技、华为、中国联通、中海投资、比特大陆等 45 家高科技企业组成了海淀“城市大脑”科技产业联盟，同时发布《海淀城市大脑总体规划（纲要)》，共同推进海淀“城市大脑”建设。

1．主要功能

海淀“城市大脑”总体架构为“1+1+2+N”，即 1 张感知网、1 个智能云平台、2 个中心（大数据中心、AI 计算中心）、N 个示范应用。

海淀城市交通大脑核心业务包括交通基础设施管理、交通组织优化、交通信号控制、停车管理、交通安全与防控、交通执法、交通枢纽管理、重点车辆管理、物流管理、公共交通 10 个方面。区级应用平台实现态势监控、预警预报、研判分析、指挥调度、监督管理和出行服务六大功能。

（1）态势监控：利用多源海量数据，实现交通态势监测、交通拥堵监测、交通事故监测、重点车辆监测、车流监测、停车态势监测、公共交通监测和物流监测。

（2）预警预报：实现交通拥堵预警、交通事故预警、车流预警、停车预警、重点车辆预警、交通状况预警、物流预警等功能。

（3）研判分析：进行交通拥堵、交通事故、停车、交通信号、公共交通分析等。

（4）指挥调度：实现事件可视化指挥，完成预案制定与推演、指挥调度与预案的自动关联功能。

（5）监督管理：主要为预警处置监管、报警处置监管和指挥调度监管三大功能。

（6）出行服务：整合各类数据，提供路况信息服务、事故信息服务、停车信息服务和临时交通管制信息服务等。

2．建设效果

2019 年 4 月，海淀“城市大脑”建设已经在顶层设计研究以及公共安全、城市交通、生态环保、城市管理等领域取得初步成果。在城市交通领域，实现全区 4286 个点位的非现场执法处置；增加“一键式”抓拍模块，12 秒抓拍自动生成违法记录。2018 年，全年共抓拍各类交通违法 74 万笔；同时，运用“车脸识别”技术和视频结构化手段，实现对货车、渣土车违法的自动识别抓拍，共抓拍货车违法 3.8 万余笔。2020 年 9 月，“海淀智慧停车”微信小程序正式上线，海淀区备案的近 500 个公共停车场、12 万个停车位、1.3 万个路侧停车位信息正逐步录入，自上线测试以来，典型停车点早高峰期间的车位利用率由 83%提升至 95%；智能信号控制系统的应用，使车辆在时速为 40 公里行驶时降低了遇到红灯的概率，提高了驾驶员的驾驶体验，早高峰平均车速有明显提升[8]。

2.2.4 济南

济南交通大脑建设于 2018 年 5 月启动并于 12 月正式启用，由济南市交警支队牵头组织，山东大学开展顶层设计、咨询和实施保障，世纪高通、浪潮集团、海信、以萨等多家单位共同实施。2020 年，济南交通大脑从全国上报的 400 余个案例中脱颖而出，入选《新型智慧城市发展报告（2018—2019)》，并被评为“2018—2019 年新型智慧城市建设评价典型优秀案例”。

济南交通大脑搭建了“一云四中枢”的体系架构，即交通专享云和感知、分析、决策、评估四个中枢，并按照“原型大脑、思考型大脑、人工智能”的进化路径，通过自我学习和进化，搭建出能自主感知、科学分析和智能决策的核心算法模型，帮助实现更准确的分析研判、更智慧的决策调度，实现最科学的交通管理。通过整合“大脑+路面”资源，全域实时感知交通态势，交通大脑打造了“信息从路面来、数据在系统转、决策到实战用、效果由民众评、成效为大家享”的闭环交通管理生态模式。

1. 主要功能

（1）实时全方位交通监控系统，整合全市 3900 套卡口、电警等前端感知设备，建设 50 处 AR 鹰眼实景监控系统。

（2）信号控制联网联控，城区 1059 处灯控路口实现联网联控，联网率达到 95%以上；实现 480 处路口区域自适应控制，650 处路口绿波带协调控制，820 处路口远程调控。

（3）停车泊位查询预约服务，目前已接入 376 处路外停车场共计 22.2 万个泊位，停车泊位利用率显著提升。

2. 建设效果

1）AI 交警平台，事故处理效率提升 65%以上

济南交通大脑 AI 智慧派警平台，集成了实时的道路路况和警力投放情况，交通大脑接到警情后，会自动判断交警所处位置与事发地之间的距离和到达时间，向最具有时间优势

的交警发出指令，AI 派警使交警事件处置到场效率提高 65%，撤场效率提高 74%。

2）智能信号灯，畅享驾驶一路绿灯

智能信号灯能自动调配不同路段、不同方向的通行时间，有效缓解路段溢流、绿灯闲置等情况，从而实现高峰期堵而不停、平峰期一路畅通。截至 2019 年年底，济南全市共有信号灯控制路口 1263 处，建成绿波带技术优化道路 148 条 1129 处路口，绿波带控制技术已基本实现了全城覆盖。在 2019 年 11 月的济南首届马拉松赛事上实现了一路绿灯，起到了重要作用。智慧信号灯的落地提高了城市通行效率，济南交通大脑投入使用后，工作日早高峰平均延误时间下降 11.19%，晚高峰平均延误时间下降 11.86%，交通拥堵指数同比下降 11.5%。每天为济南市民节省超过 3 万小时的通行时间，济南全年累计减少 4.4 万吨二氧化碳排放。

3）全方位导航，优化出行信息服务

基于交通大脑庞大的数据支撑和人工智能计算，实现精准诱导屏信息服务。目前，济南交通大脑打通交通局、公交、出租、长途客运、城管、气象等部门数据，运行了约 50 个人工智能算法和模型，通过大数据深度挖掘和分析，将实时路况信息推送至广播电台、高德地图、百度地图等，使导航信息更精准、高效。此外，济南市交警部门还通过微博、微信、“泉城行+”App 等新媒体渠道，全方位、多途径实时发布路况信息。

4）大数据执法，提升交通执法水平

交通大脑搭建了重点关注人群和车辆等实战模块，对有违法行为的驾驶员、车辆进行重点管控、重点追踪。建立远程调处中心，实现轻微事故定责、调解、定损、理赔“线上线下一网通办”，远程调处成功率达 95%以上。2019 年共查处酒驾、醉驾、渣土车违法同比分别上升 138.6%、64.4%和 85.3%。

2.2.5　大连

2018 年，大连交警与百度地图联合推进“互联网+交通管理创新”实践，开展“互联网+智能信号系统”建设。

大连交通大脑侧重交通信号控制优化，主要功能涵盖以下方面。

（1）预警研判，百度信号实时报警系统生成路口问题诊断病历表，支持交警快速定位问题路口并制定相应治理措施。

（2）优化配时和评价反馈，实现信号控制系统优化参数的动态在线生成、交通事件自动识别、控制方案与专家预案自动运行、控制效果在线评估的闭环运行模式。

（3）交通管理信息化基础设施建设，基于百度地图数据的 AI 开发和可视化展示，实现交警专网地图个性化应用升级，优化指挥调度系统和内网基础设施的展示系统。

（4）公众交通出行信息服务，实现交通事件信息的实时互通，提升了交通信息播报的准确性、及时性和权威性。大连交警将官方道路施工阻断信息、交通事件信息（如交通管制信息、限行信息)、重大交通事故信息基于百度地图同步推送给用户，让公众实时获取交通运行情况并调整出行计划。

百度地图还与大连交警在智慧诱导屏、交通事件上报等多个方向进行更为深入的合作，助力交通管理效能和公众出行效率进一步提升。

2.2.6 宣城

宣城交通大脑由宣城市公安局交警支队与中山大学、广东方纬科技有限公司共同研发建设，在全省率先启动了基于 IDPS 智慧交通管理理念的交通大脑研发工作，并于 2017 年 11 月正式上线使用。宣城围绕“一张图、一个库”“先认知，后业务”的理念发展交通大脑，成为一座能精准认知每辆车、每个路段、每个路口、每个停车场交通状态的城市，能够开展一车一策、一路一策、一场一策等个性化智能管理与服务。

1. 主要功能

宣城交通大脑由 1 个数据云、3 个智慧分析平台和 1 个智能业务驱动组件组成，主要功能模块是自动巡检、智能计算、精细管理、科学决策。

通过交通大脑的计算，宣城市实现了路网承载力计算、车辆轨迹重构、错峰出行诱导、套牌车辆跟踪布控、卡口数据自适应信号控制等多项功能[9]。

（1）路网承载力计算。从微观、宏观不同层面计算城市路网顺畅运行所能承载的车辆数，计算分析路口上下游通行能力匹配、机非冲突等情况，为城市畅行提供保障。

（2）车辆轨迹重构。根据卡口、视频数据智能分析，重现车辆出行轨迹，刻画车辆画像，建立车辆运行档案库。

（3）错峰出行诱导。依据每条道路的档案及相关车辆档案，针对高峰出行诱导，引导车主错峰出行。

（4）套牌车辆跟踪布控。依据车辆轨迹重构，进行车辆缉查布控，实现精准打击、高效抓捕。

（5）卡口数据自适应信号控制。基于卡口数据对信号配时自动评估，发现信号控制中的时间损失问题，精准制定自适应控制方案。

（6）应急绿路。是 2020 年上线的新功能，为 120 急救车辆开辟高效、便捷的绿色通道。

2. 建设效果

宣城交通大脑应用覆盖面积为 313 平方公里，路段有 1156 条，总长为 450 公里；涉及高清卡口 1254 路、高清视频 707 路；涵盖信号路口 161 个，其中被卡口覆盖信控路口 140 个；可计算路网采集道路基本元素（标志、标线、设备等）超过 6 万个，可以解决以往无从下手、无法妥善解决的交通问题。

基于交通大脑对鳌峰路等拥堵路段上的规律行驶车辆进行出行诱导，成功使 10%的车辆绕行，绕行车辆平均行驶时间减少超过 2 分钟；对学校周边的道路精准治理使学校周边路段小时平均速度提升了约 40%，最低路段平均速度由之前的 9km/h 提升至 15km/h，提升了约 60%；2019 年中秋节实施拥堵路段预测，并对相应出行车辆进行出行诱导，约有 1400 辆车实施错峰出行，主要出城道路出城总量提升约 16%，速度提升约 25%[10]。截至 2020 年 8 月，“城市交通大脑”在宣城试点应用中，宣城车辆的出行量提升了 18.9%，且整体车速提升 5.5%[11]。

2.2.7　合肥

2017 年，合肥开始建设城市“交通超脑”；2018 年 12 月，合肥市公安局交警支队发布了“合肥交通超脑计划”，由合肥交警与科大讯飞等企业联合建设。在一期建设阶段，合肥交警部门建立了一个南到南二环、北到寿春路、西到金寨路、东到马鞍山路的城市超脑示范区；在 2020 年加速推进的二期项目中，交警部门将把示范区扩大到整个市区范围。

1．主要功能

合肥打造的交通超脑主要具备以下四个能力。

（1）提升数据能力。通过多源数据实时接入实现数据融合，为业务应用提供更全面、更详细的数据支撑。

（2）强化感知能力。分析计算各类指标体系，监测城市交通运行情况。

（3）增强决策能力。将人工智能技术与交通管理实战相结合，自动生成分析报告，辅助决策。

（4）构造学习能力，让机器不断自我学习、自我进步，提升超脑能力水平。

合肥市城市交通超脑实现的主要功能如下。

（1）当交通超脑侦测到某个路段出现拥堵后，就会立即形成若干个道路优化方案，包括警力配置、绕行引导、信号灯配时调整等，并自行对这些方案进行模拟推演，从中选择出最优方案。

（2）交通超脑平台系统还可以实现交通状态精准感知、交通拥堵成因深度挖掘、交通事件研判等功能。

（3）交通超脑提供信号配时优化工作，实现交通信号配时自适应。

2．建设效果

《2019 年合肥城市大脑·交通进展报告》中发布了合肥交通超脑的建设效果：“交通超脑”日均接入交警及天网数据 2500 万条，互联网路况数据 1.5 亿条，运管、公交等数据 1500

万条，通过拥堵指数、平均车速、交通流量、饱和度、拥堵里程等 10 多项指标综合分析交通实时状态，客观掌握交通运行态势，评价交通管理成效。目前，监测范围已覆盖合肥市 1200 个路口、649 条道路、50 个网格区域。合肥市高峰拥堵排行从 2017 年一季度的第 9 名下降至 2019 年第二季度的第 27 名。

2.2.8 衢州

2017 年，衢州与阿里云达成战略合作协议。2018 年，衢州“城市大脑 2.0”智慧交通一期建设项目启动，以阿里云城市数据大脑 2.0 为技术支撑，助力衢州建设以“雪亮工程”为支撑的社会治理工程体系。

1. 主要功能

衢州城市大脑 2.0 由感知层、计算基础平台、数据资源平台、城市算法服务平台、视频分析服务平台、交通智能应用、安全防护等部分组成，智能交通建设内容包括公共交通优先通行、信号灯配时优化、交通拥堵治理、车辆精准管理、公众出行服务等。

2. 建设效果

2019 年，衢州城市交通大脑经过一年多的建设和试运行，取得了初步成果：智能感知、指挥调度、信号控制等交通智能化管理水平得到了提升；在道路缓堵、治安防控、交通事件处置等方面取得了一定成果。

（1）“快起来”。主城区 56 个子区的 118 个信号机接入了指挥中心，实现智能信号配时、信号联动的公交优先，在试运行的 1 路和 103 路公交路线上，27 个路口实现了公交信号优先，1 路公交车通行效率提高了 7.9%，103 路公交车通行效率提高 14%；截至 2019 年 11 月，基于强大的视频算法分析能力，综合指挥系统累计处置交通警情 13938 件。

（2）“联起来”。城市交通大脑联结了各个区块、数字网、人、车、路等要素，汇聚了 13 个部门、96 类、1867.8 亿条数据，日新增交通数据 8 亿条。

（3）“易起来”。城市交通大脑为出行者提供了便捷的出行服务，实现出行者与交通管理部门之间的信息双向互通，实现停车、公交等动态信息的实时查询。截至 2019 年 11 月，该系统累计向公众发布 1446 条交通信息。

2.3 城市交通大脑建设现阶段问题

从阿里巴巴开始，易华录、华为、百度、腾讯等多家互联网企业都相继研发了城市交通大脑产品，并在杭州、深圳、北京、大连等不同的城市落地应用，经过 2～3 年的建设，各个城市也都取得了一定的成绩，但同时，也暴露了城市交通大脑“百花齐放”之下的一些问题。

（1）从目前城市交通大脑的示范应用内容来看，并非所有的建设内容都充分地应用了新技术、新方法，部分建设内容是“旧瓶装新酒”，只是在大脑的包装下，将传统的交通治理手段在典型区域进行了新的应用。

（2）目前，各个企业提出的城市交通大脑在相同的外衣下有着不同的内核，主要是围绕公安交警的交通管控业务展开，有的着力于智能信号控制，有的则侧重于高清视频监测，可以说大部分的城市交通大脑都只是实现了城市交通大脑的部分功能，并未明确给出城市交通大脑的内涵，也还没有真正系统地开展城市交通大脑的全面建设。

究其问题原因，主要是城市交通大脑的概念刚刚兴起，尚未进行统一的界定与设计，不同企业基于其技术积累不同、发力点不同，建设内容也就有所差异。城市交通大脑起源于互联网技术的蓬勃发展，推动了智能交通系统的进步，但若想引发智能交通系统的全面革新，还需要对其进行科学、系统、规范的界定与顶层设计。

第 3 章

城市交通大脑内涵与特征

3.1 城市交通大脑内涵

城市交通大脑通过搭建人、车、路、环境，全量、全景数据资源池，实现对全量个体用户画像式需求细分、数据集成与融合处理，形成“个体触觉”与“需求全景”；以全局最优、系统协同、个体智能为目标，基于深度学习与反馈的迭代更新，对交通网络进行实时智能化运算与模拟，并对未来趋势进行前瞻性预判，依托数字平行交通系统进行交通系统时空资源调配，实时提出精准、个性化的系统解决方案，实现供需适配、系统最优的智慧、高效交通系统；以一体化需求响应、出行预约的全新交通服务模式，建设零拥堵、零延误、零等待的有序交通系统，实现平等多样、体验最佳的人性化交通系统。

人体由九大系统（神经、运动、消化、呼吸、泌尿、生殖、内分泌、免疫和循环系统）构成。其中大部分系统由神经系统进行控制。神经系统由“感受器（感觉神经末梢）-传入神经-神经中枢（大脑）-传出神经-效应器（运动神经末梢支配肌肉和腺体）”构成。大脑是神经系统的中枢与总控，主要负责对接收到的数据信息进行整合、分析与判断，并将结果通过神经传出；数据流如血液在身体中流动；五官处末梢神经是强大的触觉系统，负责对数据信息的汇聚传入与反应输出；四肢代表交通管控与规划决策等业务应用。

3.2 城市交通大脑特征

城市交通大脑是传统智能交通体系的衍生与进化，是随着 5G、互联网、云计算、人工智能、北斗导航、智能识别等技术飞速进步而发展起来的新一代 ITS（智能交通系统），具备现阶段智能交通系统的全部功能，但相比于传统智能交通系统，城市交通大脑在数据汇聚、平台计算、智慧性、协同性、全局性、实时性上均有质的飞跃。城市交通大脑的突出特征如下。

1．能力特征

（1）**大数据汇聚全景感知。**传统智能交通系统缺乏对海量交通个体数据的融合运用与校核分析。城市交通大脑强调全方位数据的运用，对政企不同来源、不同行业、不同交通方式，细化到对出行个体（人、车）的海量时空轨迹数据进行融合分析，实现对交通运输体系中各种要素（包括人、车、路、环境）的全面感知。

（2）**云平台超级计算。**城市交通大脑具备海量数据实时计算的超级运算能力，能够瞬时完成数据的运算、分析，完成交通系统反馈闭环。

2．功能特征

机器学习人工智慧。现阶段智能交通系统对人工智能技术应用处于初级阶段，效果尚不明显。城市交通大脑充分运用机器学习、人工智能、知识工程等先进技术，通过自学习、自组织的方式推理交通的运行状态并产生相应的应对机制，从而完成对交通系统的自我反馈和自我调节，实现交通系统的自主智慧化运行。

3．系统特征

（1）**泛在互联系统协同。**现有智能交通系统的人、车、路与中心系统之间孤立联通，各子系统之间单独运行，缺乏协同。城市交通大脑强调人、车、路、环境的泛在互联，信息在交通要素间有序交互、流动与反馈，各子系统能够协同运行。

（2）**全局视野系统最优。**现有智能交通系统处在单系统最优和用户最优阶段。城市交通大脑以全局视角对交通供给、需求、状态进行综合“分析判断”和“预测应对”，以系统整体供需平衡为原则，对交通设施、运力资源进行配置，以达到全局最优的目的。

4．效率特征

实时反馈闭环控制。城市交通大脑要求数据信息的实时传递与反馈，以“零延迟”完成交通系统接收与反馈闭环，建立数字平行交通系统，最终实现交通系统的智慧、高效服务。

5．服务特征

个体智慧一体化服务。现阶段智能交通系统为出行者群体提供服务，不能够精细地满足个性化需求，制约了出行体验。城市交通大脑基于全链路信息的提取与学习，将为出行者个体提供精准、个性化、针对性、面向全出行过程一体化的出行服务，极大提升出行服务水平。

第 4 章

城市交通大脑框架设计

4.1 核心中枢

面向交通宏观、中观、微观不同层面，以及交通行业不同业务需求，城市交通大脑的核心中枢由交通流系统调控中枢、预约一站式运输调度中枢、交通与城市互动协同中枢三大中枢构成（见图 4.1）。

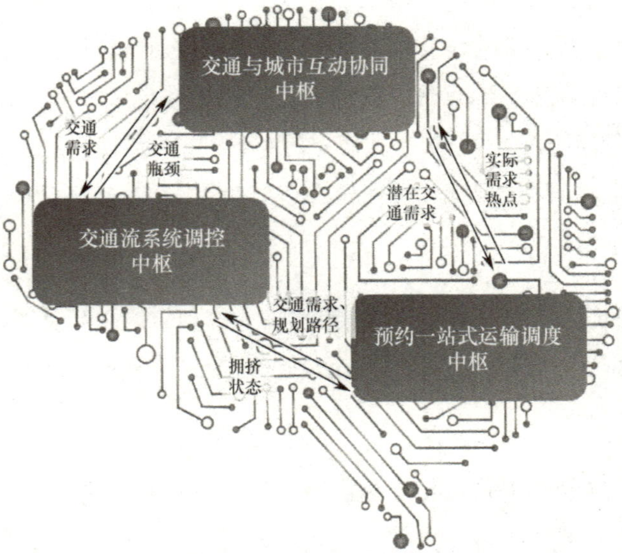

图 4.1　城市交通大脑的核心中枢

（1）交通流系统调控中枢。该中枢基于中、微观网络仿真建模，实时、在线模拟道路交通流运行特征，并动态更新信号控制、路权分配、诱导设施等的协同调配方案，完成道路交通流的最优化调节与控制，主要解决道路拥堵问题，提高交通流效率。

（2）预约一站式运输调度中枢。该中枢通过预约出行的模式获取全交通网络出行需求，基于宏、中观大规模交通网络的仿真建模，以全局最优化为目标，编制全网出行时刻表，进行出行需求的实时、动态优化配置，实现全网出行需求的协调统一调度；此外，通过运输资源的协同调度，实现出行者的一站式出行服务（Mobility as a Service，MaaS）体验，主要解决出行问题，提高出行效率与体验。

（3）交通与城市互动协同中枢。该中枢基于城市仿真建模，构建模拟城市，实现空间结构、人口、土地、建筑、基础设施等城市、交通背景要素全在线，打破传统城市总体规划与交通规划缺乏沟通的壁垒，实现城市与交通发展互动反馈和全面协同，重点解决交通可持续发展的问题，从根源上消除交通问题隐患。

交通与城市互动协同中枢为交通流系统调控中枢及预约一站式运输调度中枢提供人口、空间结构等潜在交通需求信息，支撑其整体交通流调控及运输调度方案的提出。

交通流系统调控中枢为交通与城市互动协同中枢提供交通瓶颈空间点位信息，使信息能够及时反馈给城市，能够从城市角度探寻治理拥堵瓶颈点的方案；为预约一站式运输调度中枢提供当前道路拥挤状态信息，支撑交通配置方案的实时优化工作。

预约一站式运输调度中枢为交通与城市互动协同中枢提供交通需求热点，使交通需求能够与城市配置相结合；为交通流系统调控中枢提供出行需求与路径，能够与信号、路权等调控方案相协调，实现网络整体出行效率最优化。

三个中枢相互支撑与协同，共同构建数字平行交通系统。

4.2 物理框架

传统智能交通系统的物理框架包含四个子系统，即中心子系统、路边子系统、车辆子系统、出行者子系统。中心子系统代表交通系统中具备管理、行政和维护职能的运作实体，如交通管理系统或公交管理系统。路边子系统表示交通设施上应用的设备或系统，如交通信号控制系统。车辆子系统包括利用智能交通系统技术支持它们各自运行的车辆或移动实体。出行者子系统代表提供给公众出行的信息服务及改善长途客货运车辆安全和费用的信息服务。这四个子系统通过三种普通的通信（有线通信、广域无线通信和专用短程通信）方式相互连接以进行数据和信息交换。

城市交通大脑的整体物理框架（见图 4.2）与传统智能交通系统的物理框架相同，

包含中心、路边、车辆、出行者四个子系统。但城市交通大脑更具智慧性与总控性，各子系统在传统智能交通系统（以北京为例）的基础上均进行了拓展和扩能。一方面，城市交通大脑要求建设总控中心，实现数字平行交通系统，完成对各子系统汇聚数据的综合协调超级计算；并基于供需平衡，进行全局视角的子系统资源协调调度。同时，新增了基于分布式数据存储的数据资源中心，为总控中心的超级计算提供支撑，并供各子系统共享调用。另一方面，出行者、车辆、路边子系统全面智慧升级。在出行者子系统方面，建立出行者信息采集系统，基于智能移动终端完成出行者信息的实时采集，打通出行者与中心子系统的全面互联；在车辆子系统方面，无人驾驶汽车的出现打破了传统车辆运行模式，实现车车通信；在路边子系统方面，智慧信号灯、智慧信息板等路边智能设备的出现拓展了该子系统的智慧性；通信方式上将全部采用广域无线通信，通过移动终端、车载终端实现人、车、路的泛在互联和即时通信。

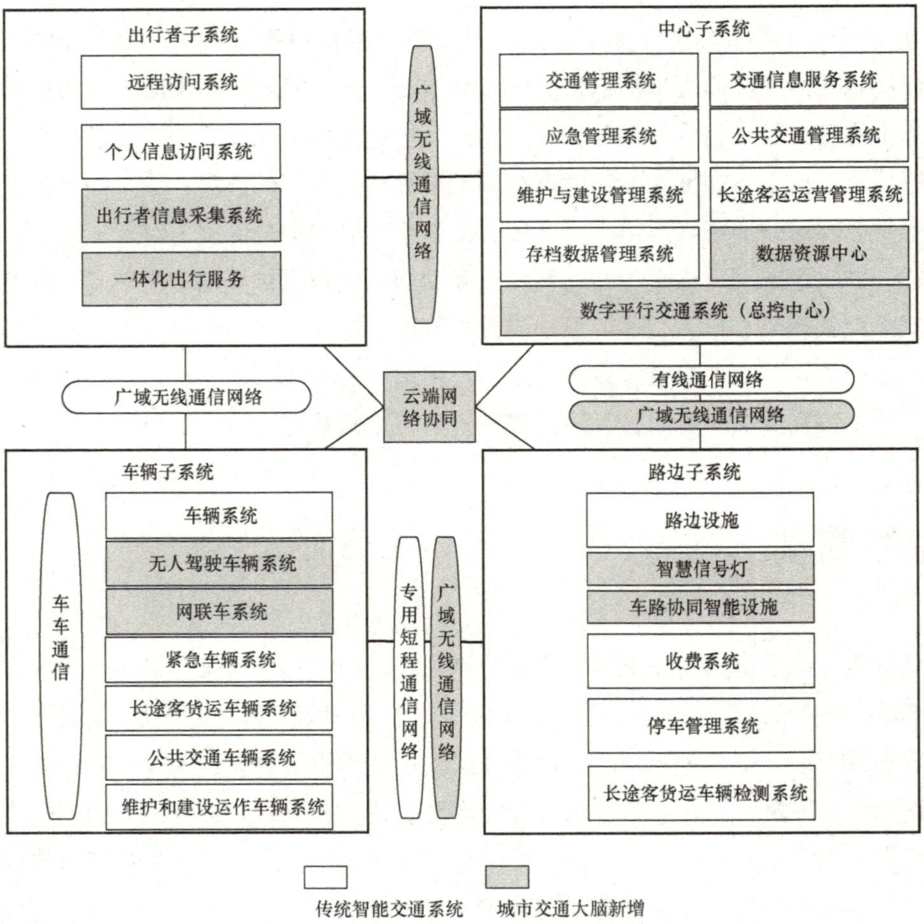

图 4.2　城市交通大脑的整体物理框架

4.3 功能框架

城市交通大脑的功能从政府决策更智能、企业运营更高效、公众出行更便捷三个层面体现（见图 4.3）。

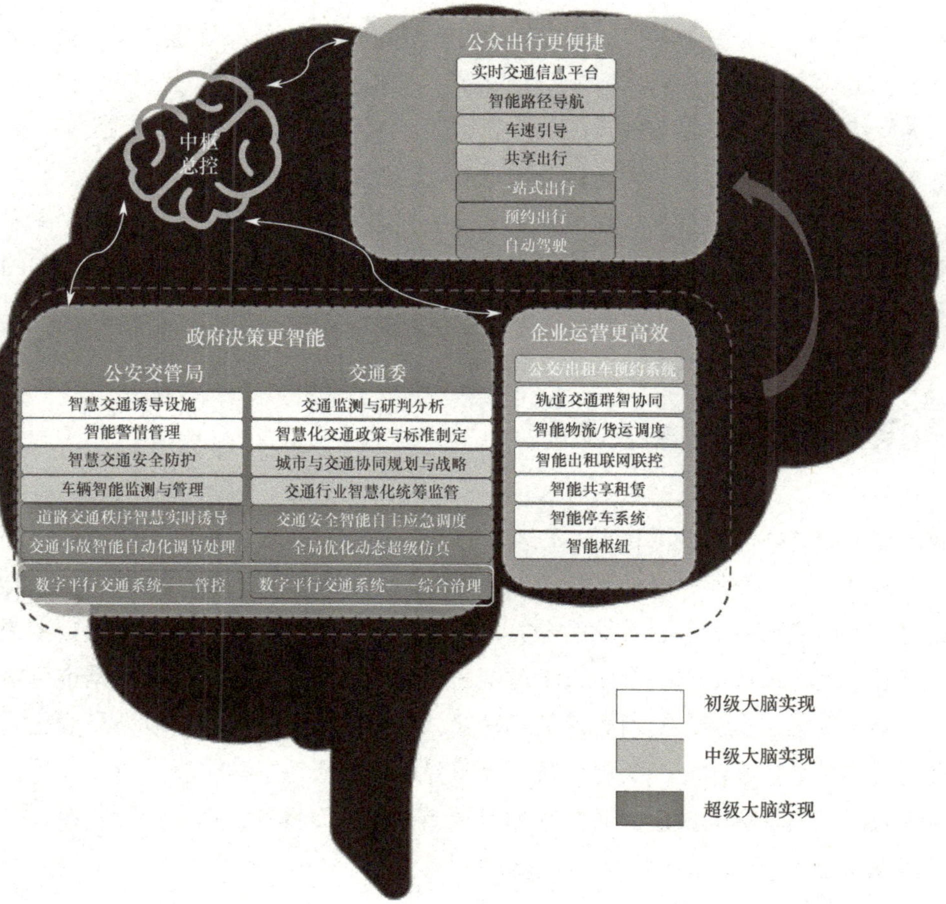

图 4.3　城市交通大脑的功能

在政府决策层面，以北京为例，以公安交管局与交通委两个职能机构的系统功能为主。在公安交管局方面，基于城市交通大脑建设，初级阶段加强智慧交通诱导设施、智能警情管理；中级阶段实现智慧交通安全防护、车辆智能检测与管理；最终实现道路交通秩序智慧实时诱导，实现交通事故智能自动化调解处理，构建数字平行交通系统，能够实时把握道路交通流运行状况，实现交通流自动识别与自组织，实现城市交通微控闭环，实现对全城大规模信号灯的精细化控制，基于路权智能化自动调配系统实现城市拥堵车道自动扩容，将路权实时调配给高需求拥堵路段，全面提升交管部门交通管理、控制智能化水平。

在交通委方面，基于城市交通大脑建设，初级阶段实现提升交通监测与研判分析能力，提升智慧化交通政策与标准制定水平；中级阶段实现城市与交通协同规划与战略制定，提升交通行业智慧化统筹监管水平；最终实现交通安全智能自主应急调度和全局优化动态超级仿真，构建数字平行综合治理系统，实现供需实时动态平衡调度，提供全局优化的运输组织。

在企业运营层面，公交、轨道、货运物流、停车、枢纽等各个交通行业全面实现运营智能化，提高企业运营效率。

在公众出行层面，基于政府的智能管理与企业的高效运营，最终实现公众便捷出行的目标。基于实时交通信息平台、智能路径导航、车速引导、共享出行、一站式出行等为公众提供更便捷的服务，最终实现预约出行新模式。预约交通系统实现了自行车、公交车、网约车、自动驾驶车辆的统一管理，运输资源按需配置，灵活响应。公交车辆不设置固定线路，公交线路按照预约需求规划，便于与其他交通方式无缝衔接，也可减少中途停靠造成的不必要的损失。在预约系统中，用户可随时与平台进行通信，传达需求，预约中转和换乘工具，实现多种交通方式的无缝衔接，出行等待时间降到最短。

4.4 建设框架

城市交通大脑按照基础平台层、数据汇聚层、超级计算层、解决方案层四个层次进行建设（见图 4.4）。基础平台层是城市交通大脑建设的物理基础，提供基础存储与计算云平台；数据汇聚层完成海量多源数据的全方位汇聚，实现交通系统的泛在感知；超级计算层是城市交通大脑的核心中枢，基于人工智能、机器学习等智能技术，对数据进行实时智能化运算；解决方案层是城市交通大脑的行动层，基于中枢计算结果，以全局优化为目的，进行交通系统时空资源调配，实现交通系统的智慧自反馈与主动防控。

以全局最优为目标的城市交通大脑的建设不是一蹴而就的，而是通过初级大脑、中级大脑、超级大脑三个阶段的建设逐步实现的。

1. 初级大脑

初级大脑是具备感知能力、计算能力的大脑。

智能交通系统发展 20 多年，已经初步建立了交通“触觉”系统，但基于信息采集的分析、特征捕捉尚不完善，不能从全局角度进行管控。

初级大脑是在现有智能交通系统建设的基础上，进一步完善人、车、路传统信息采集感知系统，同时更重要的是充分利用新兴大数据资源，提升交通感知的质量、广度、精度、细度，建立标准化数据格式，通过云平台的搭建，实现海量信息的分布式存储和在各个部门之间的互联互通；加强对交通运行的全局视野特征捕捉，搭建交通历史特征储备库，显著提升对交通系统的全局洞察能力，使现有管理、控制、规划、决策、服务能力有实质性突破。

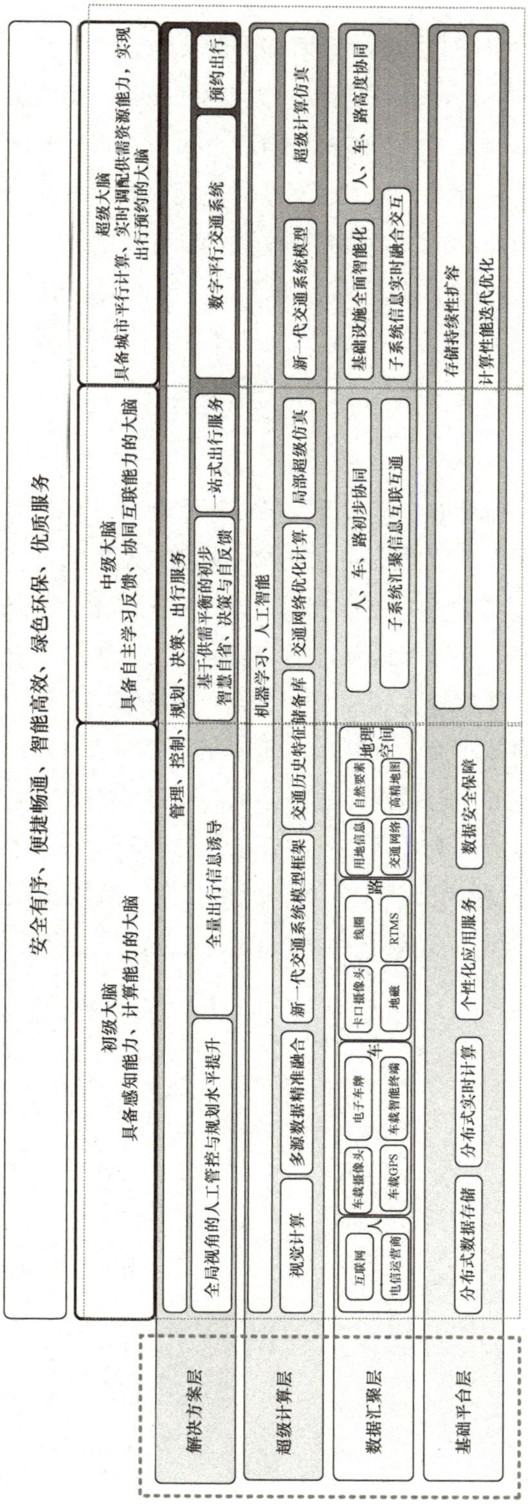

图 4.4　城市交通大脑建设框架

2. 中级大脑

中级大脑是具备自主学习反馈、协同互联能力的大脑。

城市交通大脑中级阶段，已经具备全面感知能力和完备的交通历史特征储备库，人、车、路、中心子系统之间互联互通，初步具备自省、决策与自反馈能力，主动判断交通运行中存在的问题和网络可优化的潜力，通过不断的迭代机器学习，对比每次决策所采用解决方案的优势与不足，在未来的交通问题中持续迭代自省优化。

通过建设城市交通大脑综合示范区域，基于人、车、路、中心子系统的互联互通，以及城市交通大脑自主学习的智慧自省能力，在示范区域内实现非实时的综合交通体系的优化配置。

3. 超级大脑

超级大脑是具备城市平行计算、实时调配供需资源能力，实现出行预约的大脑。

超级大脑将大范围应用人工智能等先进技术，对全方位数据进行用户画像式挂接集成预处理，形成“个体触觉”，建立数字平行交通系统，以全局最优的顶层设计视角，协同各业务子系统，对交通系统进行实时智能化计算与模拟，对未来趋势进行前瞻性预判，对交通系统时空资源进行调配，实时提出精准、个性化的系统解决方案；重点实现多模式大规模网络实时千万级优化的高效求解，让城市交通中相互影响的有限理性行为个体在时空中有序流动，实现以预约为主的出行模式，达到综合交通体系的最优化。

城市交通超级大脑的形成具有长期性及综合条件的适配性，并非依赖智能交通技术的提升即可为交通系统所有问题找到解决方案。城市交通大脑需要在城市进化过程中逐步完善，在核心技术突破的同时，还要在组织协调、规范标准、建设模式等多方面进行创新突破。

第5章

建设方案与核心任务规划设计

城市交通大脑的建设是技术创新和突破，更需要机制体制的改革和转变，传统的条块分割管理体制需以“任务”为统领对职能进行重新整合，不同政府部门需形成步调一致、统筹协调的工作机制，共同推动城市交通大脑的研发、示范及落地实施。

技术层面，城市交通大脑的建设包括四方面内容：

（1）在基础平台层，构建海量数据实时处理能力平台；

（2）在数据汇聚层，形成强大的数据采集触觉体系；

（3）在超级计算层，进行数据融合与动态交通网络全局最优超级计算；

（4）在解决方案层，实现精准交通治理与个性化智慧化服务。

5.1 基础平台层：实时处理能力平台网络

5.1.1 在城市交通大脑中的定位

实时处理能力平台（以下简称能力平台）是城市交通大脑建设的物理基础，是完成海量数据实时汇聚与处理的依托。城市交通大脑需建设“存得下、算得出”的云+大数据一体化架构的基础设施平台，以实现多源异构交通大数据的分布式存储、计算、资源管理调度、数据共享和数据开放，为城市交通大脑提供基本的平台基础。

能力平台在城市交通大脑中的定位见图 5.1。触觉体系对能力平台提出数据存储、数据共享的需求，能力平台实现海量数据的存储与共享使用，同时保障数据与用户的隐私和安全；能力平台是交通网络超级计算体系的物理载体，支撑复杂网络算法的快速运算，同时，交通网络超级计算体系对能力平台提出算力需求；同样，能力平台对交通管控、治理与出行服务体系进行承载、支撑。

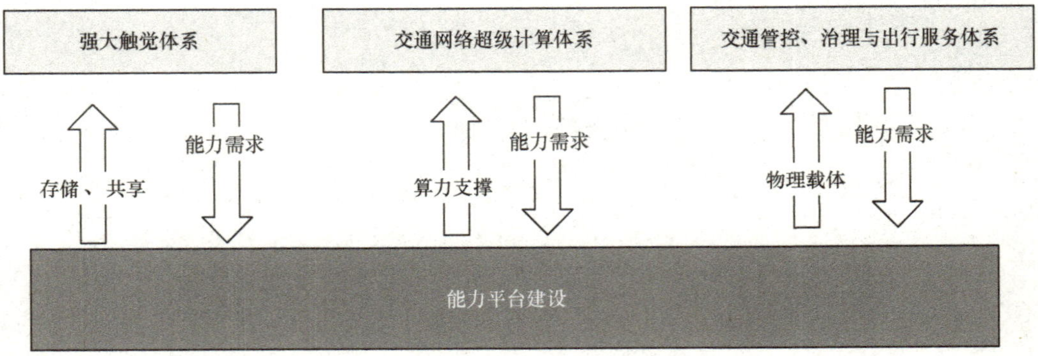

图 5.1　能力平台在城市交通大脑中的定位

5.1.2　现状分析

1. 计算网络搭建

计算网络体系构建是能力平台搭建的核心部分和重中之重。未来城市交通大脑的计算网络体系主要涵盖边缘计算、云计算与云平台、高性能计算三个方面，三者协同合作，共同支撑和促进能力平台功能的实现。

1）边缘计算

边缘计算是一种新的互联网发展作用下的分布式结构，作为 5G 的核心技术之一，因其低时延、大带宽、本地化的优势在 5G 时代扮演重要角色。边缘计算通过在终端设备和云之间引入边缘设备，经由物联网将计算能力和云服务拓展到网络边缘，在弹性和虚拟化环境下对数据进行处理，通过计算节点向附近的终端、智能通信设备、用户等提供通信和计算服务，解决物联网系统在高分布式场景下的海量异构连接、业务实时性、业务智能性、数据互操作性，以及安全和隐私保护等挑战[12]。

边缘计算技术已经在智能交通领域崭露头角。5G 网络、物联网的快速发展，使交通系统的各个智能终端之间得以互联互通，也因此产生了视频、音频、结构化数据等多种类的海量数据，增加了设备与云端之间数据传输带来的网络负荷和时间延迟。将边缘计算应用在城市交通管理中，通过智能路侧边缘服务器来实时获取和分析数据，及时获取交通违章、交通路况、拥堵等情况，为智能交通装备了灵敏的“末梢神经”，使智能交通在更具安全性和经济性的同时，产生更丰富的增值服务[13]。

目前进行边缘计算研究的企业与科研院所主要有华为技术有限公司、中国科学院沈阳自动化研究所、中国信息通信研究院、英特尔、ARM、海康威视和软通动力等。华为 FusionServer 高性能边缘计算服务器在深圳智能交通系统中进行应用，负责将收集的实时交通数据在存储、过滤、处理后，回传到华为的交通大数据平台，进而提供准确的“移动对象时空引擎”、“实时交通出行量计算”和“实时拥堵分析”等信息；然后将分析结果传到边缘侧，实现信号调优从被动采集到主动感知、从局部优化到宏观规划，从而利用有效制定信号配时策略、交通诱导设置和对流量来源地的疏导指挥策略等，整体提升交通管制效率。海康威视将AI算力注入边缘，搭建由云中心、边缘域、边缘节点三部分构成的AICloud框架，并基于此发布了一系列AI智能边缘设备，能够在边缘实现原始视频图片中人体、人脸、车辆等属性信息的高效提取和建模，在将数据回传云端统一分析的同时，也可满足本地自治系统的数据应用需求，提升业务的敏捷性和实时性。

边缘计算在为智能交通系统带来机遇的同时，也面临着后续发展和应用的诸多挑战。

（1）如何保持智能交通边缘计算设备在高热、高寒、高湿等复杂环境中长久运行是个非常重要的问题。

（2）交通问题是涉及多领域、多任务场景、复杂算法的综合应用问题，边缘计算设备的缓存及运算能力需要根据不同的任务有所选择。

（3）未来交通系统中的5G通信、车联网、海量视频等大规模异构数据对计算的高可靠、低时延、强安全等的性能要求越来越高，边缘计算中涉及内容缓存、网络控制、数据聚合及安全卸载等的关键技术与研究热点需要进一步突破和完善。

（4）边缘计算仍需进一步优化实际应用中的性能、安全性、互操作性及智能边缘操作管理服务等，如何实现边缘节点之间的安全、高性能协作和智能管理是亟待探索和解决的问题。

2）云计算与云平台

云计算的提出和应用给社会各生产领域带来了一场革命性的变化。云计算是分布处理和并行处理的联合应用，是基础设施即服务、平台即服务虚拟化、效用计算、软件即服务等概念混合演进并跃升的结果。云计算技术特有的超强计算能力和动态资源调度、按需提供服务等优势，以及海量信息集成化管理机制等，可以有效解决当前智能交通领域存在着的“信息孤岛”、共享困难等问题，大大促进了智能交通公众服务平台的建立和优化，提高信息传递的可达性与准确度，为交通智慧化发展提供有力支撑。

阿里云、百度、千方科技、高德地图等各大物联网企业均已开展云计算的相关研究与应用。阿里云将积累的云计算、大数据和人工智能技术等应用于城市大脑产品中，并在杭州、合肥等城市进行应用落地。阿里云分布式云操作系统（也称“飞天系统”）是在数据中心的大规模Linux集群之上构建的一套综合性的软件系统，将数以千计的服务器联成一台“超级计算机”，并且将这台超级计算机的存储资源和计算资源，以服务的方式支撑用户或者应用系统访问。飞天系统为上层的云服务提供存储、计算和调度等方面的底层支持，主要模块包括协调服务、远程过程调用、安全管理、资源管理、分布式文件系统、任务调度、集群部署和集群监控模块。云平台分布式云操作系统负责管理数据中心集群的物理资源，控制分布式程序运行，隐藏下层故障恢复和数据冗余等细节，有效地提供弹性计算和负载均衡的服务。腾讯推出的“腾讯智慧交通业务”，通过自身的云计算、大数据、物联网、移动互联网、人工智能等新兴技术和产品，围绕“旅客出行服务”和“运输生产经营管理”，与众多合作伙伴一起为交通运输企业打造“公交云”“地铁云”“智慧场站”“智能安防”等智慧交通系列产品和解决方案。

总体来说，分布式云平台构建技术已相对完善，它能够通过网络将庞大的计算处理程序自动拆分成无数个较小的子程序，从而分散用户对公共资源的使用，恰好能够满足智能交通服务“大路数、高清化、智能化”的功能需求，实现数据并行计算、批处理计算、流式计算等不同计算模式的需要。但同时，云计算在智能交通领域的发展也面临挑战。云计算开放性的特点适用于提供基于 Web 服务的软件服务模式，但智能交通领域的信息具有一定的隐私性。目前，云计算技术最大的壁垒是难以保障交通数据的安全性、隐私性和保密性，并且数据标准不统一，导致云计算在智能交通领域未能发挥最大效能。

3）高性能计算

在智能交通领域，科研院所与高等院校已经着手搭建高性能计算中心，以实现不同交通场景下大规模网络复杂算法的快速运算。中国科学院高性能计算技术研究中心[14]聚焦于高性能大数据处理技术，该技术在智慧交通等领域已经有广泛应用，如基于大数据的时空活动研究，基于手机、社交媒体等设备采集的多元异构时空感知数据，依托高性能计算技术，研发信息社会中人类时空活动模式的分析方法、时空现象的建模方法、时空过程的模拟方法等；研发基于 RFID 物联网技术的道路停车智能管理系统，可以实现对路边临时停车位停车信息的有效数据采集，对停车行为实行有效管理。同济大学的 CIMS 研究中心[15]提出了基于云计算的面向智能交通海量信息的高性能计算支撑公共服务框架，制定了云存储和云计算的解决方案，整合了行业内外的各类通信传输资源，实现了体系内各平台数据的分布式存储和数据高速传输与共享，促进了多源数据的融合。2017 年 11 月，上海海事大学举行了智能交通与物流的高性能计算研讨会[16]，指出高性能计算将为智能交通、物流的发展带来新的革命。该会议邀请了多位国内外专家学者，就高性能计算、智能交通、智能物流等领域的学术问题进行了深入探讨与交流，如 GPU 深度学习的重要性、以基础编程语言 CUDAC 为例的 GPU 并行计算、进化算法（EAS）的编码、进化演示过程，以及在复杂调度问题上的成功应用等。

国外的高性能计算技术在交通领域也已经有所应用，如美国橡树岭国家实验室（ORNL）与 Gridsmart Technologies 公司的科研人员开展项目合作[17]，该项目充分发挥 Gridsmart Technologies 公司的高空摄像头、计算机视觉技术，以及 ORNL 的机器学习及传感器技术，采用 ORNL 高性能计算系统实现十字路口场景模拟，制定引导交通灯定时的数学方案，实现节能并优化交通吞吐量。

2. 数据安全建设

随着数据采集的精细化和“互联网+交通”的深度融合，无人驾驶、无人机、车联网、车路协同等领域也取得了长足进步，但同时，数据安全也面临严峻挑战，越来越多的网络攻击呈现组织化、规模化和专业化特征。2016 年，打车软件公司 Uber 公开一桩大规模数据泄露事件，由于黑客攻击，全球 5000 万名 Uber 乘客的姓名、电邮地址和手机号码泄露，另有大约 700 万名 Uber 司机的个人信息被盗取，包括 60 万名美国司机的牌照号码。2017 年 7 月，瑞典交通部部长承认，由于瑞典交通部的失误，全国公民个人数据乃至军方大量绝密资料被泄露。发生在交通运输行业的数据泄露事件表明，数据泄露不仅严重威胁公民个人隐私安全，还严重威胁国家安全[18]。

作为我国关键基础设施领域的重中之重，交通运输领域是关系国计民生的重要领域。如何在交通运输行业多重、异构、复杂的环境下，建立相应的交通运输行业大数据处理中心及建立有效的防数据泄露措施，使大数据成为交通运输系统全网点状、条状乃至块状联动、协同应用的重要安全支撑，从而保证交通运输行业信息系统在安全、可信的环境下建设运行，成为交通运输行业信息化建设必须面临的问题。

3. 数据传输网络

智能交通系统的海量数据传输依赖于完善的数据传输网络。目前，传统智能交通系统主要依赖有线通信技术，但无线通信凭借灵活性、易扩展性、易操作性等优势逐渐在智能交通系统中占有一席之地。进入大数据及人工智能时代，智能交通领域面临大体量、多源异构数据的传输问题，尤其是视频数据等的传输对未来数据传输效率提出了更高的要求。

4G 技术在智能交通领域应用的一个明显优势是传播速度快，能够准确地反映交通信息，满足使用者在高速移动过程中的信息更新需求，为用户提供更便捷实时的信息服务。更重要的是 UMTS（Universal Mobile Telecommunications System，通用移动通信系统）技术的服务对象广，在对多数信息进行重点处理的背景下，能保证数据的有效性和全面性[19]。

与传统的 4G 通信技术相比，5G 技术具有高容量、低时延、超高可靠性的特点，因此 5G 技术更能适应未来智能交通系统的建设和发展。目前，5G 传输网络在智能交通中的应用可以归纳为两个方向：一是服务于交通管理部门缓解交通压力和提高交通服务效率等；二是面向出行者，为出行者提供便利的出行条件和安全的交通环境等[20]。在交通管理层面，5G 网络环境可以实现多种技术之间的无缝衔接，获取各个监测节点的交通环境信息，并能够在快速完成数据传输的基础上，进行海量数据分析、融合实时计算、制定调控方案等工作，提高交通运行效率。在公众出行服务方面，5G 传输网络能更好地支撑人工智能、云计算、车联网、车路系统等技术的实现和深度融合，实现交通服务由小范围的智能交通应用向更加广域的交通服务的延伸，为用户提供个性化、人性化的出行体验。

5.1.3 架构设计

面向城市交通大脑的未来不同发展阶段、不同层次的功能设计，能力平台体系需要满足对海量汇聚数据的存储、共享、计算与应用等需求。海量数据的计算需求主要包括面向终端大体量数据的初步计算与信息提取、面向分布式用户的数据存储与共享应用，以及面向大规模网络复杂计算的中心端调度与分配等方面。在此基础上构建由边缘计算、分布式云计算、高性能计算中心三部分组成的能力平台体系（见图 5.2）。

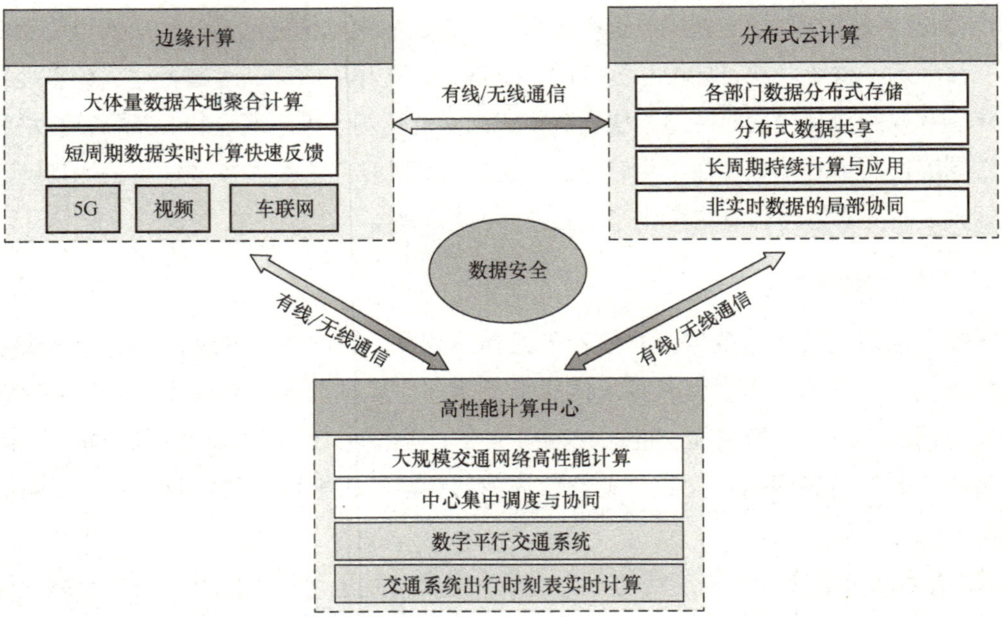

图 5.2 能力平台体系架构

能力平台体系架构的各个部分相互协同与支撑、多维度交叉通信与交互，形成了能力平台计算网络（见图 5.3）。边缘计算、分布式云计算、高性能计算中心三者在技术定义上的区别，产生了它们在应用场景层面的差异。因此，不同计算类型在数字化转型中承担起不同层次的计算任务，在网络、业务、应用、智能等方面协同合作，助力行业数字化转型更广泛的场景应用与更大的价值创造。

边缘计算、分布式云计算和高性能计算中心的应用场景分别如下。

（1）边缘计算应用于实时性、短周期数据、本地决策等场景；通过在手机、车辆、摄像头等数据采集终端附近构建无数边缘计算系统，实现对大体量数据的实时快速处理，并且随着终端设备性能的提升，计算系统将趋向于个体边缘化，最终实现每个终端设备能够完成自身的边缘计算。5G通信数据的基站级处理、高清视频数据的卡口级处理、车联网数据的路侧或车端处理都需要依靠边缘计算来完成。

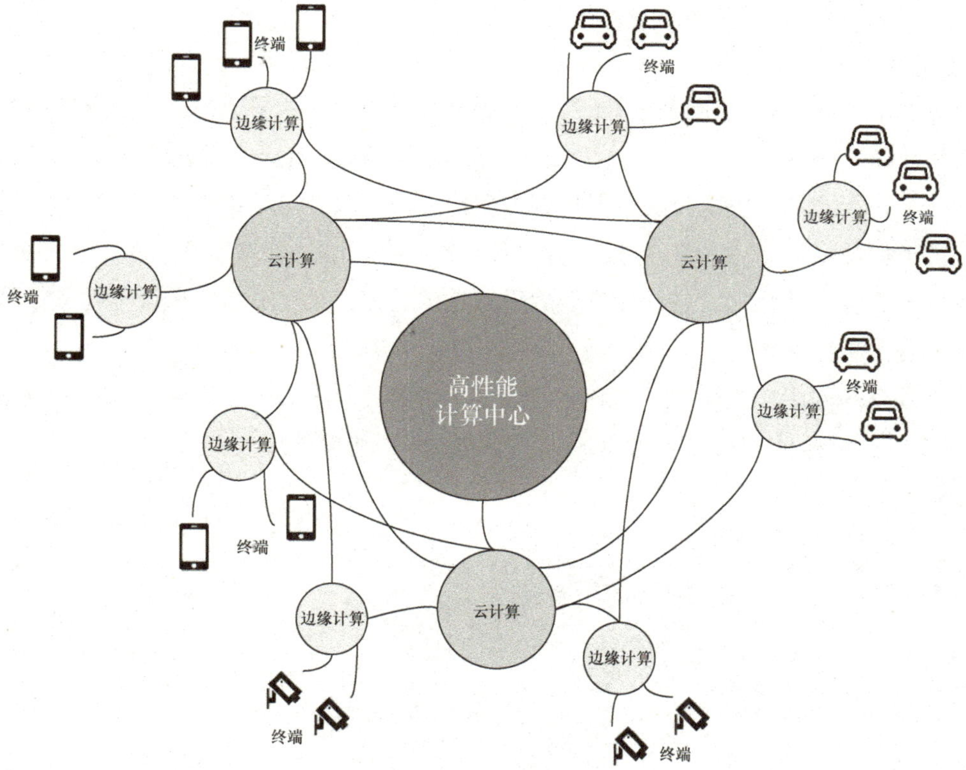

图5.3　能力平台计算网络

（2）分布式云计算用于非实时、长周期数据、业务决策等场景；若干边缘计算结果传入以行业或部门划分的云端平台，某个边缘计算系统的计算结果可能传入多个云平台，云平台对边缘端的计算进行部署与协调，不同云平台之间能够实现关联与互通。

（3）高性能计算中心用于全网络的中心化调度与分配，以及大规模复杂算法应用等场景；基于网络高复杂度算法对各行业、部门的云端平台处理结果进行全网协同计算与系统级分析。城市交通大脑中的数字平行交通系统构建、交通系统出行时刻表实时计算等应用都要依靠高性能计算中心来完成。

（4）手机、车辆、摄像头等数据采集终端，边缘计算中心，云平台及高性能计算中心之间依靠有线或无线通信网络进行数据传输，需要通信网络具有稳定性、安全性等基础能力；同时，随着业务应用的庞杂性与实时性需求的提升，对通信体量与通信效率也提出了较高的要求。此外，计算网络内主要是数据和信息的流动与传输，随着大数据采集信息的精细化，信息安全的重要性日益提升，因此，对信息安全的保障也是计算网络构建中的重要环节。

5.1.4 详细设计

1. 边缘计算

1）架构设计

充分利用边缘计算[21]能够在靠近终端设备和数据源头的网络边缘提供服务的特征，融合网络、计算、存储、应用等核心能力，为未来城市交通大脑提供在敏捷联接、实时业务、数据优化、应用智能、安全与隐私保护等方面的关键需求。通过边缘计算实现整个城市交通大脑系统的数据存储和计算任务的迁移，使终端设备可在边缘节点完成存储和计算任务，从而借助外部算力使终端设备的计算能力得到有效延伸，并且节约由于计算任务在网络中传递所耗费的带宽资源。

边缘计算的四层功能结构[22]由核心设施层、边缘计算中心、边缘网络和边缘设备组成（见图 5.4），以此来实现城市交通大脑的“端–边–云”协同效应。

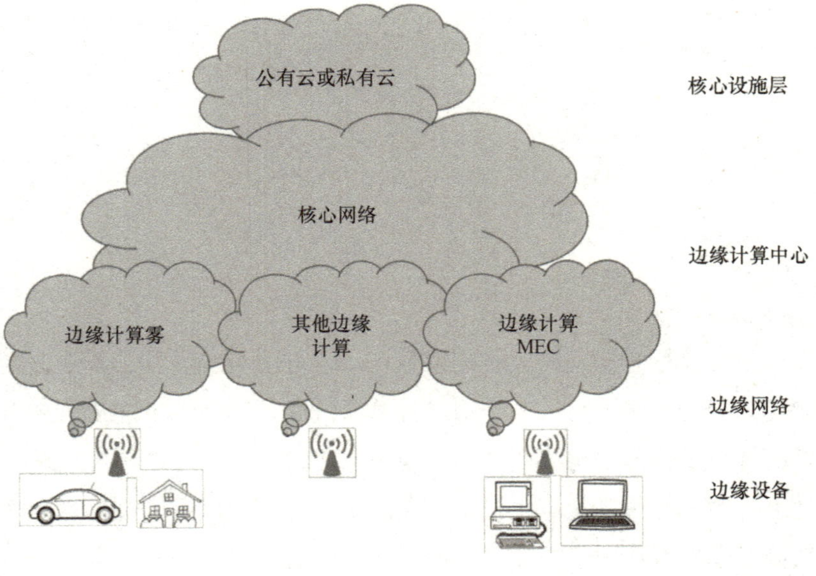

图 5.4 边缘计算的四层功能结构

（1）核心设施层。

核心设施层为城市交通大脑提供核心网络接入（例如互联网、移动核心网络）、用于移动边缘设备的集中式云计算服务和管理功能，通过提供畅通的传输网络保证系统各项任务的顺利运行。核心网络涵盖的互联网、移动核心网络、集中式云计算服务和数据中心等核心基础设施，承载着各个子系统所产生的数据流。

（2）边缘计算中心。

边缘计算中心是交通大脑实现边缘侧功能的核心设备，是边云协同中的核心组件之一，提供计算、存储、网络转发资源等服务。不同边缘中心可通过搭建多租户虚拟化基础设备来实现系统自主运行、相互协同，以及与云端之间的连接与交互。边缘计算中心是实现边缘侧功能的有力保障，也是各个边缘侧进行沟通的桥梁。

（3）边缘网络。

边缘网络的设置目标是实现交通大脑系统的兼容最大化。无线网络、数据中心网络和互联网通过边缘网络进行串联，进而实现边缘设备、边缘服务器和核心设施之间的连接，以满足不同网络制式设备产生的不同数据源之间的系统兼容需求。

（4）边缘设备。

边缘设备既是数据的生产者，也是数据的消费者。不同类型的边缘设备在运行中会产生数据流，然后通过边缘网络传输至边缘云进行处理，此时边缘设备是数据的生产者；同时，边缘设备接收来自边缘云的传输数据，成为数据消费者。生产者与消费者这两种角色在同一设备中共存。

2）应用场景

边缘计算因其低时延、低成本、高可靠、高扩展等特征在智慧交通、智慧零售、智慧社区、智慧安检、智慧医疗和智能家居等方面展现出优越的发展潜力，其中在智能交通领域的应用主要有自动驾驶、车路协同、出行即服务和交通图像识别等。

（1）自动驾驶。

自动驾驶因其智能化、数字化成为未来智能交通领域很具发展潜力的方向，但由于安全性的制约迟迟未能进行批量化生产和应用。将边缘计算设备、算法模型及策略方案部署到自动驾驶车辆侧，使自动驾驶车辆在面临危险的紧急情况下，不再需要先将数据由车辆端上传至云端服务器，中心经过模型计算、决策制定等过程之后，再向车辆发送指令，这样会产生时间延迟，现在面对突发场景时，车辆直接依靠边缘侧的计算能力迅速做出反应，从而避免在自然灾害、信号干扰、技术故障等问题发生时陷入反应延迟状态，导致事故的发生。

（2）车路协同。

车路协同是未来自动驾驶进步和智能交通进化的趋势所向，也对海量数据的即时处理、车路间信息毫秒级响应提出了更高的技术要求。边缘计算是实现车路协同的关键技术之一，通过车载单元（OBU）与路侧边单元（RUS）的部署，完成车辆与周围运动目标之间、道路基础设施之间的实时动态感知与交互，使路侧系统能够实时感知车辆端的速度、流量、方向、驾驶员状态等信息，同时车辆端能够及时接收智能路侧设备反馈的路况信息、潜在危险点、智能信号调度等信息，实现行车过程中潜在风险的提前感知与安全预警等，减少事故的发生。未来车路协同中的边缘计算技术应用将更注重与 LTE-V/5G 等多种通信方式、高速实时车载以太技术等的融合应用，以达到系统实时性决策、个体即时性反应的目的。

（3）出行即服务。

目前，交通行业正逐渐向着为用户提供需求响应式服务、定制化服务的需求发展，从传统的交通管理和信息发布向需求导向式的服务模式转变，未来对于基于用户大数据和需求制定实时出行方案并提供个性化服务的需求更为迫切和强烈。将边缘计算技术在海量数据快速处理与分析方面的优势应用于出行服务，能够根据用户设备端产生的多源数据实时分析用户需求，提高多源异构数据之间的互联性和协调性，降低数据在设备与云端传输产生的网络负载和时间延迟，更能满足用户出行过程中的实时性需求，为用户提供即时、精准、有效的路径规划、路况提醒、躲避拥堵、高效换乘等无停顿、高质量的出行服务。

（4）交通图像识别。

高清视频是在未来城市交通智能监测与管理过程中产生的核心数据之一，也给大规模视频数据的存储、识别与处理带来了巨大的挑战。传统的“端-边-云”数据处理流程虽然逻辑清晰，但对于海量图片与高清视频的传输和读写分析并不实用，甚至会造成传输网络的负荷超载和中心处理器的资源浪费。将边缘计算技术应用于交通海量视频图像数据处理，通过将 AI 算法、GPU 处理芯片、模型专家库等进行前置，实现交通监测与管理业务场景中的海量非结构化数据处理，提升数据检索和分析速度的同时，减轻系统的负担。

2. 分布式云平台

云计算作为一种资源的服务模式，可以实现随时随地、便捷按需地从可配置计算资源共享池中获取所需的资源，如网络、服务器、存储、应用及服务等，并实现资源的快速供应与释放，节约资源管理产生的工作成本。未来城市交通大脑需整合各计算框架，构建按需开放的统一计算资源池框架，面向业务应用提供实时、敏捷、智能、安全的计算服务，因此需要构建“算得出、存得下”的云+大数据一体化基础设施平台。

城市交通大脑采取经典的三层服务［分别为 IaaS（基础设施即服务）、PaaS（平台即服务）、SaaS（软件即服务）］的云平台架构（见图 5.5）。其中，IaaS 层为基础设施运维人员服务，负责提供计算、存储、网络及其他基础资源，云平台使用者可以在该层进行包括操作系统、应用程序在内的任意软件的部署和运行，不需要为基础设施的管理而分心。PaaS 层为应用开发人员服务，负责提供软件运行时的环境、相关工具与服务，如数据库服务、日志服务、监控服务等，以支撑应用的正常运行，让应用开发者可以专注于核心业务的开发。SaaS 层为一般用户服务，负责提供一套完整可用的软件系统，让一般用户不需要关注技术细节，只需要通过浏览器、应用客户端等方式就能使用部署在云上的应用服务。

1）IaaS 分布式云操作系统

IaaS 分布式云操作系统负责管理城市交通大脑数据中心集群的物理资源，控制分布式程序运行，隐藏下层故障恢复和数据冗余等细节，有效地提供弹性计算和负载均衡的服务，涵盖分布式文件系统、任务调度、集群部署、集群监控等功能模块（见图 5.6）。

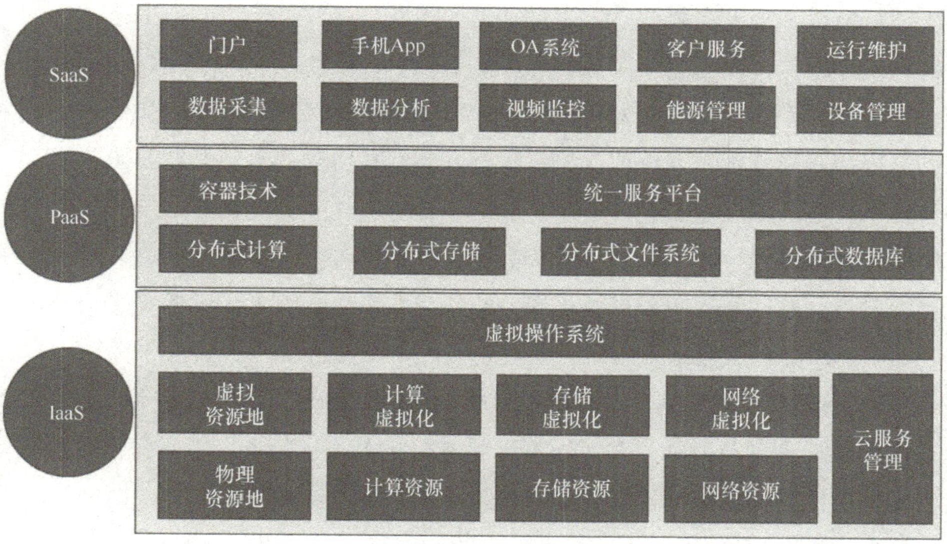

图 5.5　云平台架构

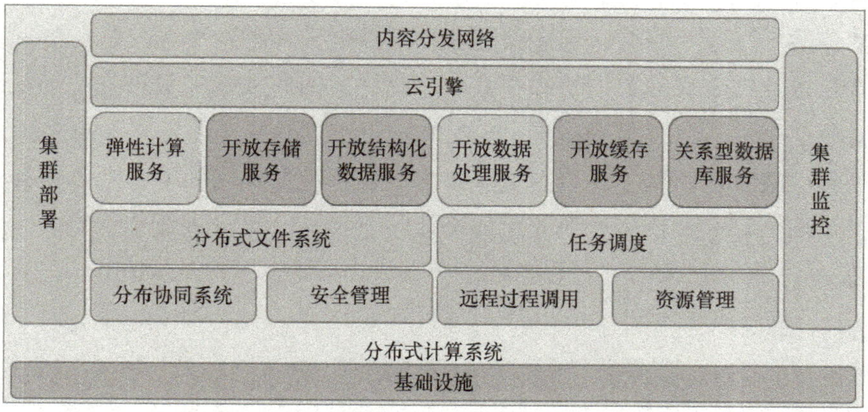

图 5.6　IaaS 分布式云操作系统架构

（1）分布式文件系统。

分布式文件系统的主要特征为大规模、高数据可靠性、高服务可用性、高吞吐量、高扩展性。首先，需要通过交通大脑云平台上的分布式文件系统将集群中各个节点的存储能力聚集起来，为平台提供一个海量、可靠、可扩展的数据存储服务；其次，需要实现软硬件故障的自动屏蔽，为用户提供不间断的数据访问服务，支持增量扩容和数据的自动平衡，提供类似于 POSIX 的用户空间文件访问 API，支持随机读/写和追加写的操作。

（2）任务调度。

任务调度为集群系统中的任务提供调度服务，同时支持强调响应速度的在线服务和强调处理数据吞吐量的离线任务。此外，任务调度自动检测系统中的故障和热点，同时通过错误重试、针对长尾作业并发备份作业等方式，保证作业稳定可靠地完成。

（3）集群监控和集群部署。

集群监控和集群部署首先需要具备监测集群的状态、上层应用服务的运行状态和性能指标的功能，并对异常事件产生警报和记录；其次需要为运维人员提供整个平台，以及上层应用的部署和配置管理，支持在线集群扩容、缩容和应用服务的在线升级。

（4）分布式系统底层服务。

底层服务需要提供分布式环境下所需要的分布协同系统、远程过程调用、安全管理和资源管理的服务，这些底层服务可为上层分布式文件系统、任务调度等提供支持。

2）PaaS 大数据支撑服务

PaaS 大数据支撑服务为整个系统提供数据的存储、管理、质量监控等服务，负责存储城市交通大脑的海量多源数据，并对数据质量进行把关，在为上层应用提供数据支撑的同时，给出多种可供选择的数据计算引擎以深入挖掘数据隐含价值。

未来城市交通大脑的 PaaS 大数据支撑服务包含但不限于以下方面。

（1）数据处理。

交通数据的来源复杂多样，既涵盖行业内部数据，又涉及相关的社会数据、互联网数据等，并且各数据来源的数据格式不具有一致性，因此数据采集过程中的规范化处理对于后期的数据使用和管理尤为重要。PaaS 大数据支撑服务应配备完善的 ETL 工具，实现数据的采集、清洗与转换。鉴于数据源多样、数据类型和结构不一致等特征，数据集成需要提供易用的任务编排方式，并对任务执行过程和结果进行监控，同时还需具备任务调度能力。

（2）数据计算。

未来城市交通大脑要求具备高效的数据处理速度、精准的分析结果、及时的反应速度和能力等高性能，平台需提供分布式计算、流式计算、内存计算等多种可供选择的数据计算引擎，用于驱动对数据的分析处理任务，能够针对不同的场景采用不同的计算模型，对数据进行大规模批量处理或实时处理。

（3）数据服务。

城市交通大脑的数据资源需要以服务化形式对上层开放共享，如数据搜索服务、数据统计分析服务、数据关联分析服务、数据挖掘服务等。该服务模式可以只对上层提供数据分析计算结果，并不直接提供平台层的原始数据。根据平台构建思路、数据处理架构优势及特点，平台主要集成应用了大数据离线计算、大数据流式计算、关系型数据库、内存数据库、对象存储、大数据报表工具软件、大数据安全服务等相关技术，各项应用设计理念相互融合，环环相扣，组成了 PaaS 大数据支撑服务总体架构。

3）区块链共享

未来城市交通系统将需要对大体量、所有权归属不同部门的数据进行集中存储和共享，因此需要探索可靠、安全的数据共享技术，使不同部门的数据能够在保障安全与隐私的前提下进行共享互用。未来城市交通大脑系统将充分利用区块链技术在分布式数据存储与共享领域表现出的较好前景，面向大数据共享需求，构建适用于海量数据共享、安全访问、稳定存储的区块链技术体系，通过多方维护、以区块链结构存储数据、使用密码学保证传输和访问安全，实现数据一致存储、无法篡改、无法抵赖的系统目标。

城市交通大脑的区块链技术架构应至少包含以下部分：应用层、合约层、激励层、共识层、网络层、数据层和数据基础设施层（见图 5.7）。其中，共识层、网络层、数据层属于协议层，是构成区块链技术的必要层级，是实现区块链技术的基本保障。

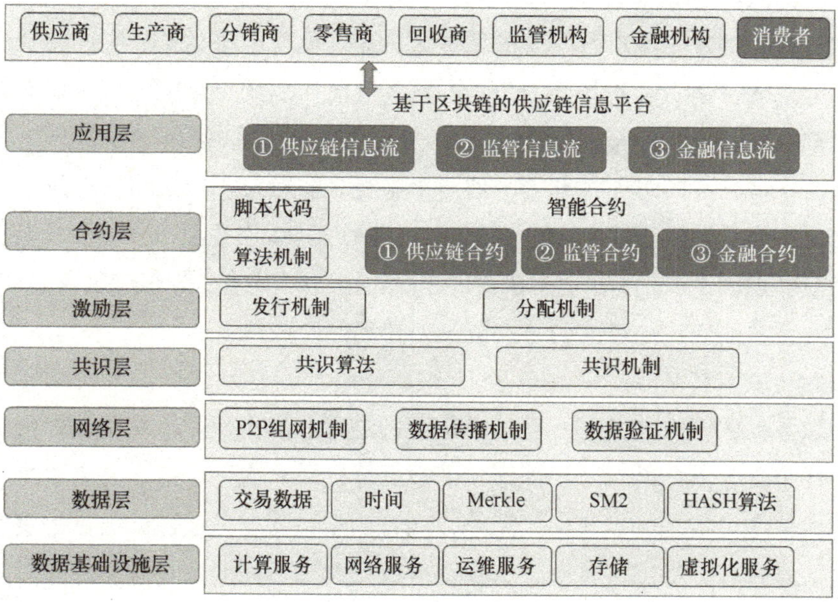

图 5.7　城市交通大脑的区块链技术架构

（1）应用层：封装各应用场景和案例，可将区块链技术应用部署在以太坊、EOS、QTUM等上并在现实中落地。

（2）合约层：区块链的编程性质主要通过该层实现。将代码嵌入区块链或者令牌中，实现可以自定义的智能合约，并在达到某个确定约束条件的情况下，不需要经由第三方就能够自动执行，是区块链信任的基础。

（3）激励层：激励层通常存在于公有链中，包括发行机制和激励机制两个部分，通过提供一些激励措施，鼓励节点参与记账，保证整个网络的安全运行。

（4）共识层：区块链共识层包含共识算法和共识机制两部分，这是区块链的核心技术之一，也是区块链社群的治理机制。

（5）网络层：包括 P2P 组网机制、数据传播机制和数据验证机制，因此区块链本质上是 P2P 网络。数据传输是分散在各个节点之间进行的，部分节点或网络遭到破坏对其他部分影响很小。

（6）数据层：包含区块链的区块数据、链式结构，以及区块上的随机数、时间戳、公私钥数据等，是整个区块链技术中底层的数据结构。

（7）数据基础设施层：提供计算服务、网络服务、运维服务、数据存储和虚拟化服务。

区块链链接成功之后可以保持所有节点的数据一致且不可被篡改，凭借其去中心化、平等公开、强安全性的优势在智能交通领域有着广泛的应用前景，其在未来智能交通领域的主要应用场景如下。

（1）新能源汽车智能充电合同。

包括北京在内的多个城市鼓励发展新能源汽车，但充电桩数量、空间位置配置等问题在很大程度上减弱了消费者对新能源汽车的购买意愿，制约了新能源汽车保有量的增加。现有的充电软件只能保证停车/充电等基本操作，无法满足用户的个性化需求，集中式的管理模式也无法保证交易的透明性和公平性。未来将区块链技术应用于新能源汽车充电业务中，发展“去中心化”的智能充电合同模式，用户通过综合考虑路线、汽车电池状态、预计充电时间等多重因素，自主确定需要的停车/充电桩并支付费用。整个过程公开公平合理，在带给用户方便快捷使用体验的同时保证其消费者的合法权益。

（2）数据开放与共享。

海量交通数据的开放与共享一直以来都是制约行业内大数据深度价值挖掘和融合使用的难题，不同来源、不同结构、不同形式的数据分别掌握在不同的所有者手中，公众和其他职能部门无从考证数据的真实性。此外，现有的众包数据无法保证数据的真实性和有效性，虽然在一定程度上提高了社会公众在出行数据共享方面的参与度，却难以实现灵活精准的信息管理。区块链技术给交通数据的开放与共享带来新的模式，交通管理部门可以在职能部门内部建立起具有高信任度的私有链，并对公众设置一定的读取权限来保证数据的隐私性；而社会公众可以通过开放式的区块链实现数据的上传、交互与流通。

（3）车联网信息安全。

V2X 技术的关键在于实现车辆与周围其他通信设备之间的信息交互，通过获取车辆周围的环境信息、车辆信息、道路信息等，实现车辆自身的风险辨识与安全预警、智能避障等功能，并将自身的信息共享给交通系统中的其他参与者。但是，车联网面临信息泄露和被篡改的风险，尤其是当受到黑客的恶意攻击时，数据共享反而成为危害用户生命的大门。在这种情况下，区块链的高安全性和数据不可被篡改的特点就显得极为重要。利用区块链的共识过程、封装块来传输密钥，在安全域内对车辆进行重新编码，从而保证数据的安全。

（4）ETC 收费信任与兼容。

ETC 不停车收费系统在提高收费效率、减缓交通拥堵、减少能源浪费、保证收费公开性等方面展现出了良好的应用效果，但由于兼容性差、OBU 安全性差、结算数据不完整等问题又受到了一定程度的制约。区块链技术可以为 ETC 搭建一个具备高信任度和兼容度的数据环境，将 ETC 信息存储在区块链上，既能够保证数据的一致性和真实性，又能够保护收费信息不被篡改和恶意攻击，同时提高交易支付资金的流动性和周转效率。

3. 高性能计算中心

高性能计算是城市交通大脑能力平台建设中最核心的部分，同时也是难度最大的部分，需要面向交通系统全网络的协同与计算来构建。

面向城市交通大脑应用的高性能计算中心包含基础设施层、硬件资源层、基础软件层、应用软件层四个层次，其架构见图 5.8。

（1）基础设施层：包括机房、机柜、配电、空调等机房基础设施，为相关软硬件设施提供稳定可靠、绿色节能的运行环境。

（2）硬件资源层：是全部高性能计算相关的计算、存储、网络等硬件设施，主要包括集群功能节点、通用计算节点、胖节点、协处理器节点、远程可视化系统、存储系统、计算网络、监控管理网络、网络安全系统等。

（3）基础软件层：对底层硬件资源进行统一的管理调度，为上层应用软件提供开发运行环境和访问接口，包括 HPC 基础软件环境、集群监控管理软件、作业调度软件、应用 Wed Portal。

（4）应用软件层：兼容交通领域各种类型的高性能计算应用软件，应用软件层针对资源需求特点进行深度系统优化，应用方向为配流计算、交通仿真、视频分析、图像处理、机器学习、大数据分析等；应用类型包括计算密集、访存密集、通信密集、流计算、批处理等。

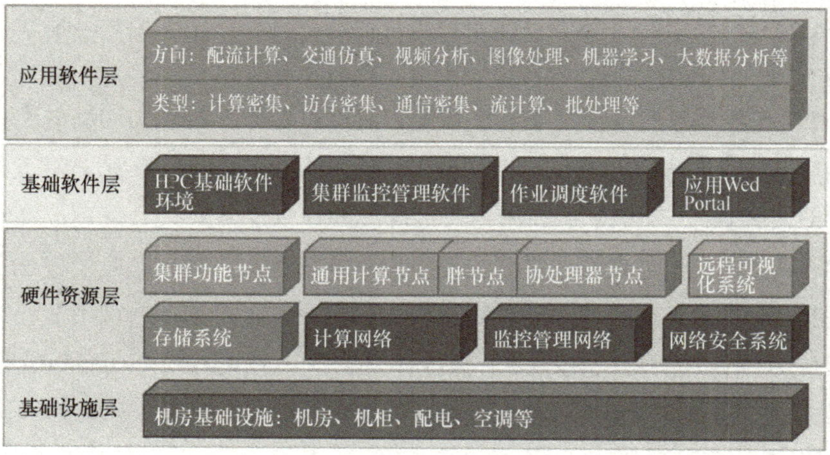

图 5.8　城市交通大脑高性能计算中心架构

1）硬件资源层

（1）系统节点。

高性能计算中心节点至少需要包含管理节点、计算节点、存储节点三个部分。

① 管理节点用于运行集群监控管理软件、用户信息管理服务、InfiniBand 子网管理服务、作业调度服务、时间同步服务等集群系统服务。同时，为了保障整个集群系统的高可用性，关键系统服务配置应充分考虑互备冗余模式，管理节点硬件本身也需要配置冗余电源、本地硬盘 RAID 保护等可靠性保障措施。

② 计算节点的选择需要平衡节点成本、密度、能耗等多项技术指标。计算节点服务器有刀片服务器、SMP 服务器、GPU 服务器、图形服务器、AI 服务器等多种，需要根据实际应用需求进行选择，选择时应充分考虑不同服务器的优缺点，进行多种服务器的组合使用。

- 刀片服务器在计算密度、功耗散热、运营成本、维护成本、可靠性等方面具有优势，并且便于系统扩容升级，适合计算密集、并行扩展性好、内存需求不太大的应用。
- SMP 服务器（也称“胖节点”）最大的优势在于单机的 CPU 核数多、单机计算能力强、内存扩展能力强，本地磁盘 I/O 扩展和 PCI-E 板卡扩展能力较高。适合共享内存并行程序、大内存需求、扩展性一般、有本地高 I/O 需求、有图形处理及其他外插卡需求的应用。
- GPU 服务器适合支持 GPU/DCU 加速的传统高性能计算应用。GPU 专用服务器相比普通的刀片服务器及机架服务器，需要特定物理尺寸、特定插槽，大功率电源、风扇，以及专门设计的风道。
- 图形服务器主要包含塔式服务器和机架式服务器，适合需要进行仿真前后处理、图形设计，以及有显示且多为单核心计算的应用。
- AI 服务器主要包含支持人工智能的 GPU/DCU 或专业卡，适合人工智能、深度学习类的应用，如人脸识别、智能语音输入、图片甄别等。

③ 存储节点需要考虑设置共享文件系统，使节点可以“看到”同样的文件，允许不同的节点读取同一文件和/或向同一文件写入内容。可以考虑使用 NFS 网络文件系统或分布式并行存储两种模式，其中 NFS 适合一定规模的高性能计算中心使用的文件系统，一般节点数为 64 ~ 129；分布式并行存储主要应用于系统庞大、运行的应用程序要求有大量共享 I/O 需求、性能和容量的可扩展性需求较大的情况。面向于未来城市交通大脑的实际应用，应充分考虑数据类型的复杂性、数据体量的庞大性进行设计与搭建，以满足未来需求。

（2）系统网络。

高性能计算中心包含基于 TCP 的管理网络和基于 InfiniBand 的计算网络。进行系统设计与构建时可以使用两个以上的网络，分别用于管理、计算和存储等；可以合并使用不同的网络，根据情况在管理网络或计算网络上运行存储流量；也可以采用一个专用的存储网络。如果 I/O 需求小，在管理网络上运行存储流量更好；如果 I/O 性能要求较大，则需在计算网络上运行存储流量，但需要保障网络上不会出现流量冲突；如果发生流量冲突或 I/O 量过大，则应使用专用存储网络。面向于未来城市交通大脑的实际应用，需要充分考虑解决大规模交通网络的实时处理与计算的需求进行选择、设计。

为满足交通大脑各应用的需求，如可视化应用、AI 应用、大内存应用、大存储应用、计算密集应用等，构建了城市交通大脑高性能计算中心集群拓扑图（见图 5.9）。

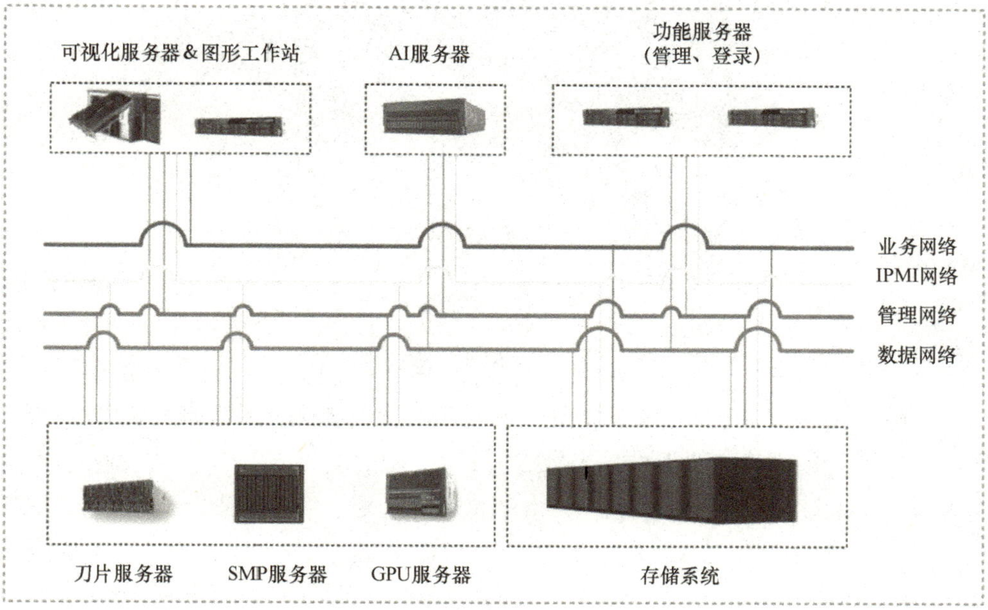

图 5.9　城市交通大脑高性能计算中心集群拓扑图

2）基础软件层

高性能计算中心软件包括应用程序、开发工具、监控工具和报告工具，软件能将系统的各个部分（节点）联合起来，作为一个整体来工作。

搭建高性能计算中心需要包含适用于所有节点的操作系统、任务调度器、管理工具和开发工具。其中，管理工具能够创建、管理映像或要安装在计算节点上的数据包集，能把映像或数据包送到计算节点，能通过软件或 IPMI 监控计算节点提供图形监控工具。开发工具包含编译器、编辑器、MPI 库、科学库。

3）基础设施层

高性能计算中心搭建需综合考虑系统性能、建设成本、应用适配、功耗散能、技术服务等多方面的问题。

高性能计算中心包含多个不同功能的独立微模块，分单列或双列放置，采用冷热通道隔离，包含工程预制的机柜、配电、制冷和监控等功能单元，现场拼装，可作为一个独立的小型数据中心快速部署，在线投入使用。

微模块（见图 5.10）有机柜级微模块、机柜排级微模块、机柜池级微模块、集装箱级微模块四种搭建方案。

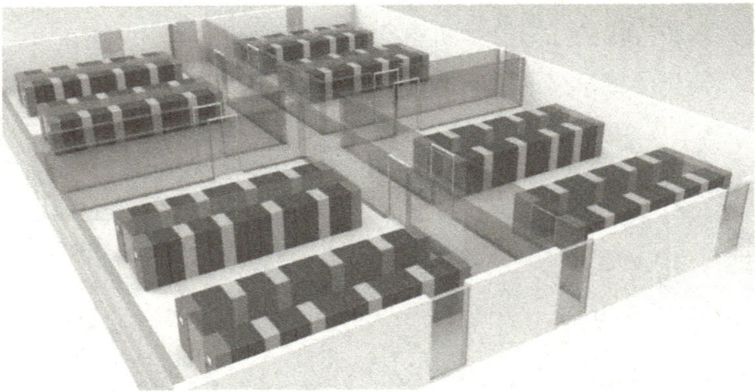

图 5.10　微模块

（1）机柜级微模块（见图 5.11）：由单台机柜或多台机柜组成，具有高度集成、部署方便、节能高效、降噪防尘、安全稳定、智能省心的特点。根据交通大脑系统的性能需求，单台机柜方案不足以满足集群需求，多台机柜方案可在选定高性能计算中心场地后，根据场地条件综合考虑是否为高性能计算中心建设的最佳方案。

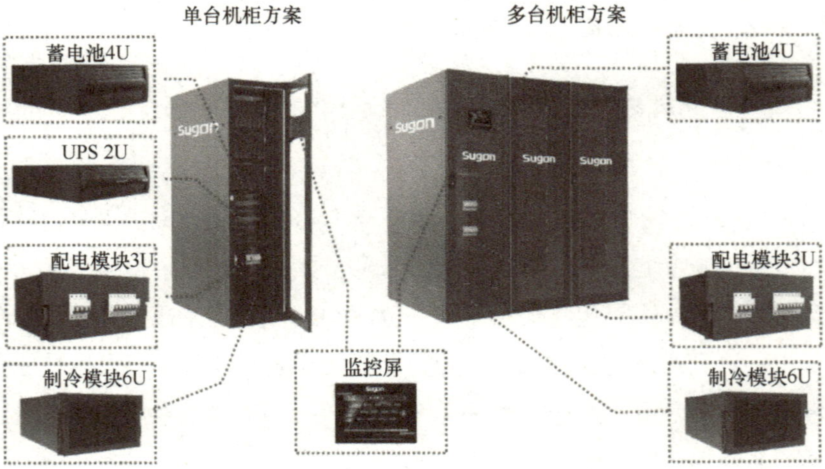

图 5.11　机柜级微模块

（2）机柜排级微模块：适用于中高密度应用。建设周期缩短 20%~30%，节省空间 30%~50%，制冷效率高，节能 15%~20%，扩容更加方便、快捷，资源利用率更高。机柜排级微模块与传统机房对比见图 5.12。

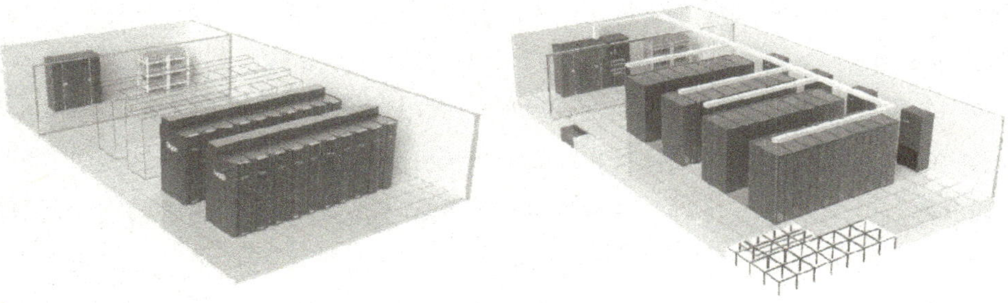

（a）机柜排级微模块　　（b）传统机房

图 5.12　机柜排级微模块与传统机房对比

（3）机柜池级微模块（见图 5.13）：制冷效率高，通道封闭组件支持消防联动，适用于中低密度应用。

图 5.13　机柜池级微模块

（4）集装箱级微模块（见图 5.14）：制冷效率高，不需要建设机房建筑及基建装修，并且具有可移动的特点。集装箱级微模块可进行工厂预制，具有可靠性高、部署快速、移动方便、高效节能、绿色经济、节省空间、易于扩展的特点，适用于受空间、环境、投资成本制约的数据中心。

图 5.14　集装箱级微模块

基于目前城市交通大脑高性能计算中心的建设规模，以及后续规模扩展，建议考虑机柜排级作为城市交通大脑高性能计算中心集群的机柜建设方案。

4）应用软件层

在应用软件层，处理不同场景下交通问题的应用软件的类型不同。在处理小规模或简单逻辑的问题时，串行程序（单核计算）即可满足；在处理大规模或计算量级大的问题时需要依赖分布式计算或并行计算。在分布式计算中，根据数据处理需求与实际运算环境的不同，需要在批处理计算、流计算、外存计算、内存计算，以及 MPI、OpenMP、OpenCL、OpenGL、CUDA 等不同的并行计算架构中进行恰当分析与选择。

高性能计算的业务应用主要面向超大规模的网络调度或对实时性要求较高的网络分析与模拟，例如数字平行交通系统构建、大规模交通网络分析与配流、面向预约出行调度的出行时刻表编制等。

（1）数字平行交通系统构建。实时的交通仿真与模拟对计算能力和效率提出了极大的挑战，需要根据算法的复杂度与实时性需求，计算出所需的节点数与进程数，搭建相应的高性能计算中心来完成。

（2）大规模交通网络分析与配流。包括公共交通网络配流、整体道路网络分析与配流分析等，由于交通网络路段数、节点数庞大，网络复杂性高，因而对计算性能的需求也较高。

以交通流量分配算法的高性能实现为例，交通流量分配算法以交通流量为研究对象，通过采取某种分配策略，使整个交通路网上的流量从始发地到目的地的通行代价最低。在交通流量的路径规划中，采用的最短路径计算方法为 Dijkstra 算法，时间复杂度和空间复杂度都为 n^2，（n 为节点数），按照北京的城市路网包含 2023 个起讫点、14.672 万个节点、39.8344 万条路段计算，计算迭代次数 k 为 24，按照 2 种流量类型考虑，2 个高峰时段的流量分配时，内存需求约为 6000GB，远远超出了单节点计算机的可用内存空间，并且由于单节点计算机处理器计算能力的限制，计算整个过程需要的时间约为 6d。通过对程序进行并行化，将其移植到高性能计算机集群上，采用 169 个节点、2024 个进程，每个节点上的进程不超过 12 个，程序总运行时间为 490s，运行时总内存为 6596.2GB。

因此，在未来更大规模、更复杂的网络配流算法中，需要综合考虑算法的复杂度、节点个数、实时性需求，进行相应的高性能计算中心配置。

（3）面向于预约出行调度的出行时刻表编制。面向全网预约的出行调度系统需要考虑交通系统中的每个出行实体，根据实时的交通运行状态与需求变化动态调整调度策略，并持续优化网络配置，对如此超大体量的计算与运转，也必然需要高性能计算来完成。

随着交通算法复杂度的不断提升，对高性能计算的依赖性会持续增加。

5）安全与管理

城市交通大脑高性能计算中心建设需要充分考虑以下安全服务需求。

（1）城市交通大脑高性能计算中心节点数量大，系统、设备类型众多，涉及的技术、结构复杂，需安排专业的安全技术团队长期运维。

（2）网络、系统、应用等设施存在安全漏洞和隐患，需定期执行全面的安全评估、测试和强化。

（3）安全运维管理、风险控制和技术防护体系不完善或欠缺，需进一步结合业务特点和需求进行规划设计、建设及落实到位。

（4）城市交通大脑高性能计算中心业务信息系统的安全涉及多部门相互写作和配合，人员的安全意识、法律法规认识和安全防护技术技能需全面提升。

（5）多层次的入侵检测、预警、监测与防护的措施、工具、设备需进一步建设和部署。

考虑以上安全与管理需求，高性能计算中心建设完成后，需要实现专业人员驻场服务，保证安全服务的连续性，能够更好地配合、协助用户跟进和完成各项维护工作，能够及时快速地处理安全紧急事件；需进行专家巡检和应急支持，定期开展深度安全巡检、渗透测试及安全加固、应急现场支持等定制性安全服务，增强高性能计算中心的安全保障能力；需适时地开展安全运维方案顾问咨询，结合城市交通大脑高性能计算中心的网络架构、业务特点和安全保障需求，设计适当可行的安全运维管理体系方案，加强安全管理和风险控制能力。

4．网络通信

未来城市交通大脑对数据传输的实时性要求越来越高，除要求系统计算速度外，对海量数据的实时传输也提出了较高要求。面向未来数字平行交通系统的构建，需要搭建无线通信网络以支撑数字模拟系统的实时运转与反馈。5G 技术的兴起与发展为更低时延、高可靠的数据传输提供了可能，5G 技术将使数据传输效率显著提高，随着 5G 的普及应用，网络端到端传输时延将低于 10ms。

开展智慧交通下的 5G 架构体系设计，需要以人、车、路为对象，以交通业务系统为承载，可从终端设备基站系统、网络结构、应用场景四个部分[23]构建 5G 关键技术总体框架（见图 5.15）。

（1）终端设备：5G 的终端设备包括手机，也涵盖汽车、家电、工业设备、公共设施、穿戴设备等，是可实现互联的“万物”。

（2）基站系统：由于 5G 高网络容量和全频谱接入需求，天线射频模块集成、大规模天线技术、小微基站和室内分布是基站系统演进的主要方向。

（3）网络架构：为适应不同应用场景，5G 网络架构需要进行颠覆性的变革，关键在于利用软件定义网络（Software Defined Network，SDN）或网络功能虚拟化（Network Function Virtualization，NFV）技术，形成包含基础设施、管道系统、增值服务能力、数据信息等不同能力在内的能力集，实现网络功能虚拟化、资源集中化、服务自动化、管理操作云平台化，包括核心网、传输网和承载网。

（4）应用场景：将 5G 技术与工业、医疗、交通等领域深度融合，满足不同领域多样化业务需求，形成 VR/AR、远程医疗、智慧城市、工业互联网、车联网/自动驾驶、增强移动宽带等垂直领域的典型应用，最终实现万物互联的愿景。其中，交通是 5G 技术与实际业务相结合的重点领域之一。5G 技术在交通领域的应用主要是交通信息采集、交通传输网络构建两个方面，主要应用于自动驾驶、车路协同、交通管控、轨道交通运营等方面业务。

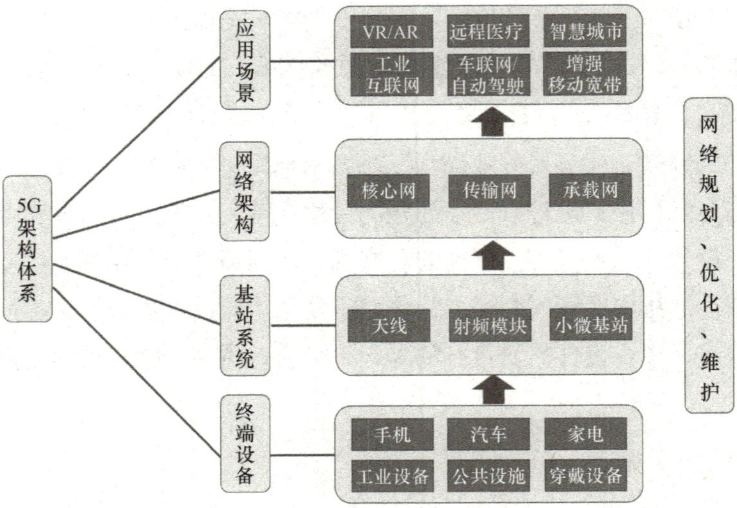

图 5.15　5G 关键技术总体框架

① 自动驾驶。自动驾驶是汽车依靠人工智能、视觉计算、雷达、全球定位系统共同协作，实现车载系统自动安全驾驶机动车辆的技术[24]。5G 被称为“解锁自动驾驶技术的最后一把钥匙”，一方面，自动驾驶过程中依赖高精度地图，其庞大的数据量需要基于 5G 网络的超高速传输和超大带宽进行实时传输与更新；另一方面，在多车智能的驾驶环境中，自动驾驶车辆对环境的全方位立体感知和决策，以及车辆之间空间位置、速度、方向信息的传输，自动超车、协作式避撞等车车交互操作的实现，都需要 5G 技术高可靠性、低时延地对自动驾驶过程中的庞大信息进行传输和处理；此外，在远程驾驶场景中，需要实现车辆与远程控制中心的实时信息交互，包括导航、位置信息等的上传，以及指令和操作信息的下达，在此过程中同样需要 5G 网络来实现具备实时性与可靠性的信息传输。

自动驾驶应用场景（见图 5.16）中的数据通信传输指标要求较高，需要传输时延低于 1ms，以满足行车及控制信息的交互需要，同时需要 100%的可靠性，以保障自动驾驶汽车的行车安全。因而，5G 技术在发展过程中需要充分考虑自动驾驶领域的应用需求，制订特定的领域技术发展方案，至少保障三个方面的自动驾驶业务需求[25]：一是支持信息实时交互的 5G 低时延技术，包括新型帧结构设计等先进技术等；二是保障安全性的 5G 高可靠传输技术，包括引入新型编译码及调制技术等；三是支持超高速移动下的 5G 网络技术，保障车辆高速移动场景中信息的及时稳定传输；此外，还需要考虑自动驾驶中的 5G 标准化问题等，满足未来自动驾驶业务需求。

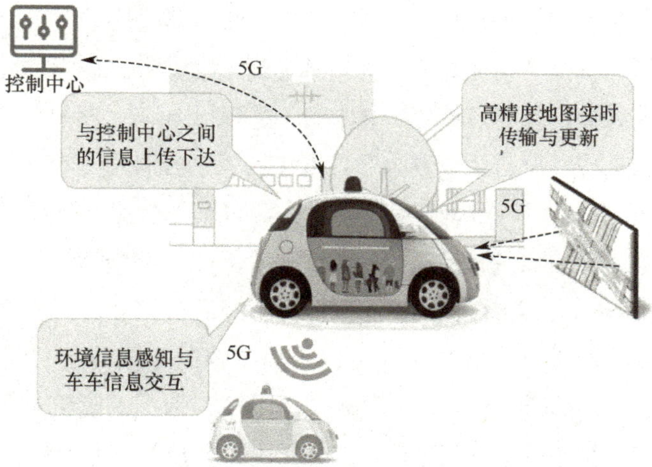

图 5.16　5G 技术在自动驾驶场景中的应用

② 车路协同。发改委等 11 个国家部委联合出台《智能汽车创新发展战略》，指出“结合 5G 商用部署，推动 5G 与车联网协同建设”。车路协同依赖多模式的交通网络与信息交互，5G 技术解决了车路协同中信息传输与交互的核心问题，加速了道路网、传感网、控制网的融合，推动了车路协同的实现。一方面，在图 5.17 的车辆编队行驶场景中，车队依赖低时延的数据传输，实现车辆之间的信息交互，完成车辆跟驰、超车、并线等一系列操作，并能及时感知行驶中的危险状态，采取必要措施，同时，更高速度的信息传输可以实现更小的行车间距，进而提升路网容量，增加通行能力；另一方面，在图 5.17 的车路协同场景中，将产生海量的高精度地图、交通信号、交通流等数据信息，大部分的信息将由边缘端

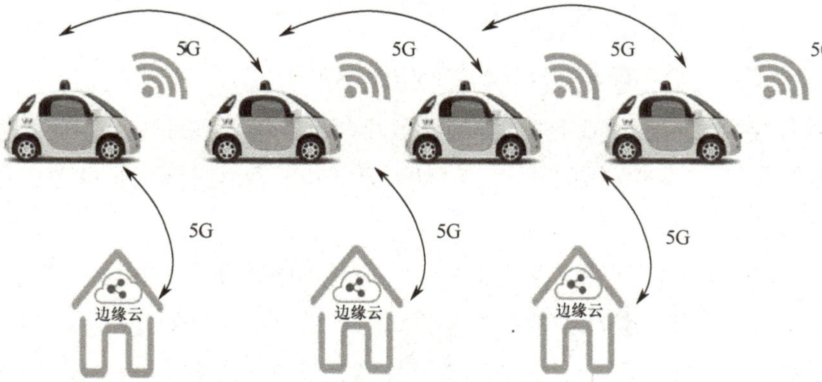

图 5.17　5G 在车路协同场景中的应用

进行本地处理计算，提升数据实时性，避免不必要的传输成本，同时提升传输效率，而车辆终端与边缘端的数据传输就需要依赖 5G 网络完成，因而 5G 技术框架应能够支持本地边缘计算的实现。

因此，在 5G+车路协同发展过程中，需要设计 5G 与车路协同融合部署架构，进行 5G 与车路协同联合组网，构建广覆盖蜂窝通信与直连通信协同的融合网络，面向车路协同中信息超低时延交互、大数据量的短回路传输和处理等突出需求，进行 5G 技术的攻关，实现车路协同场景中信息传输低时延、高可靠性及高移动稳定性等目标。

③ 交通管控。道路上布设的高清卡口摄像头实时采集道路交通流数据信息，5G 技术可以支撑海量高清视频数据信息的实时传输与识别，进而实现违法、违章驾驶行为的快速判定与处理，极大提高了交通态势感知、非现场交通执法能力。在交通管控方面（见图 5.18），视频监控与信号灯的协同联动可以为信号控制系统装上“眼睛”，基于交通流的实际状态特征开展动态信号配时控制策略，可以极大地提高道路通行效率，增大路网承载力，缓解道路交通拥堵，5G 通信技术是实现视频监控与信号灯“对话”的核心环节，基于 5G 技术可以实现海量视频数据的快速回传、处理与指令下达，推动了信号灯实时自主调控技术的发展。

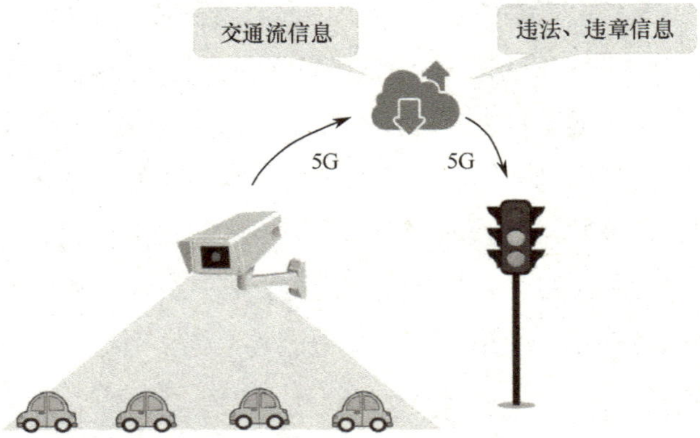

图 5.18　5G 技术在交通管控领域的应用

对于交通管控相关业务，5G 技术的部署同样需要与业务需求紧密结合，充分结合道路卡口摄像头、信号灯等基础设施的建设，信息采集空间位置需求等来布设 5G 传输网络，提升交通管理与控制效率。

④ 轨道交通运营。轨道交通运营过程中，轨道设备种类多、分布面广、维护工作量大，利用物联网技术实时采集系统状态数据，需要将机务数据实时回传到控制中心，实现对列车设备的实时诊断，依托 5G 低时延与高带宽性能，可以实现数据的快速回传与处理，提高轨道系统维护效率和系统安全性；对于列车内的超高清视频监控数据，5G 技术可以实现列车到站台的数据快速回传，从而代替车厢内的重型视频数据存储设备；轨道站厅、站台

内布设的视频监控会采集到大量的实时客流信息，基于 5G 技术实现实时监测数据的快速回传与处理，对提高站厅、站台安全性，加强客流管控与引导、联动调度等起到重要作用。在列车控制层面，未来轨道列车将实现自动驾驶[26]，下一代列控技术下，列控数据速率更大，端到端业务时延更低，这也需要依托 5G 技术实现。

面向 5G 技术在轨道交通内的广泛业务需求，还需要合理规划 5G 网络在轨道系统内的部署方案，充分考虑不同网络架构的功能，以及外部合作方式、频率使用等问题，在实现轨道交通业务能力提升的同时，充分保障系统安全性。此外，在轨道系统内的 5G 基站可以构建一张轨道客流信息采集网络，结合轨道实际业务需求的基站布设可以实现轨道系统信息采集能力的显著提升。因此，在进行轨道系统内部 5G 基站规划建设时，需要充分结合轨道运营、管理实际业务需求开展。

5. 数据安全

随着对大数据的应用越来越广泛，数据安全问题也越来越受到重视，尤其是大数据信息体量和信息粒度的不断扩增，对包含隐私的个体信息刻画得越来越详细，数据安全问题也显得越来越重要。《中华人民共和国网络安全法》《信息系统安全等级保护基本要求》等，都对关键信息基础设施保护和用户个人信息保护制度等从法律层面上进行了规定，因而对用户数据安全的保障是未来城市交通大脑需要给予高度重视的环节。

城市交通大脑的数据汇聚体系庞大，涉及数据类型丰富，不同数据安全需求级别有很大差异。因此，在进行数据安全建设时，可以首先对各数据源进行安全级别划分，针对不同级别的数据采取不同等级的安全保障措施，实现数据的分级管理，提高数据安全管理效率。数据安全建设包括三个层面：数据的存储安全、数据的传输安全、数据的共享与使用安全。

1）数据的存储安全

在数据存储与计算过程中，应能够实现自动检测系统中的故障和热点，同时系统应具备故障预案与数据安全保障方案，实现故障后数据自动备份与故障迁移。

2）数据的传输安全

传输中的数据容易受到攻击，因而应该制定合适的数据传输加密策略，保障数据的传输安全。

3）数据的共享与使用安全

诸多大数据涵盖隐私信息，因而在面向用户使用过程中应做好安全脱敏工作，保障居民隐私信息安全。另外，针对不同级别的用户需要进行合理、可靠的用户访问权限设计，实现数据使用的有效控制。同时，对异常行为的实时监控也是数据安全保障的必要环节，应实现对非授权访问、数据敏感操作行为的监测、预警和及时阻断。

同时，针对数据安全保障，政府部门应加强对大数据风险防控的立法与监管，通过数据安全保护法律法规的制定，规范个人隐私数据的采集与应用。另外，也应该加强新型信息安全技术在大数据领域的应用，加大数据防护堡垒，把网络信息安全技术与智能算法紧密结合，为大数据的应用保驾护航。

5.1.5 建设分期

1. 初级大脑阶段（5 年左右）

（1）完善云平台构建技术，能够实现对海量数据的存储与不同模式的处理计算。

（2）构建高性能计算系统，并探索计算性能持续提升的技术路径。

（3）完善数据安全保障方案体系。

2. 中级大脑阶段（10～15 年）

（1）构建完善的边缘计算体系，实现对海量数据的边缘化处理，最小化边缘处理延迟时间。

（2）形成成熟的 5G 无线通信系统，面向城市交通大脑数据传输需求实现数据传输效率最大化。

（3）能够基于区块链技术实现不同部门数据的安全共享。

3. 超级大脑阶段（20～30 年）

面向超级大脑数字平行交通系统与全网预约一体化出行的实时计算需求，构建高性能的超级计算中心，能够支撑对千万级人口、百万级车辆实时出行数据的毫秒级运算，支持全市交通流状态与出行时刻表的实时更新。

5.2 数据汇聚层：全量感知体系

5.2.1 在城市交通大脑中的定位

强大的触觉体系是城市交通大脑建设的基础，是实现交通要素全景、全量采集，人、车、路动态感知全覆盖的第一步。借助现有资源和技术完善数据汇聚，一方面拓展数据的采集方式，提高数据信息的回传质量；另一方面将数据与城市空间相挂接，生产具有全时空洞察力和具有个性画像特征的完备数据。

全量感知触觉体系作为城市交通大脑的数据支撑部分（见图 5.19），提供整个数据平台与控制中枢的数据来源。通过多样的数据采集手段获取个体出行全链条、全样本数据，并建立高精度、高质量的数据回传标准体系，实现基础数据的实时汇聚；分布式云平台是实现多源异构数据存储、计算、管理、共享和安全的物理载体；交通网络超级计算体系是挖掘和实现海量数据价值的关键所在，负责多源异构数据的校核验证和精准融合，运用超级仿真和优化计算等方法对数据进行深入挖掘，精确求解交通运行中关注的问题；实现精准的交通管控、治理与人性化出行服务是城市交通大脑的建设目标，其应用需求是触觉感知体系的目标导向。

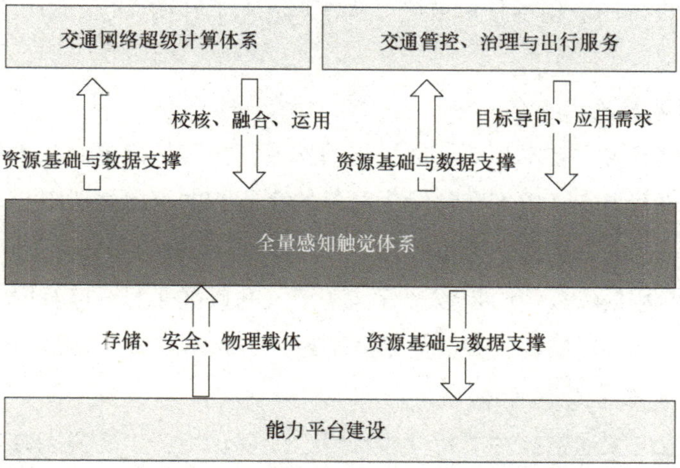

图 5.19　全量感知触觉体系在城市交通大脑中的定位

5.2.2　现状分析

从现状来看，交通海量数据的采集与汇聚具有以下主要特征。

1．采集手段及数据类型

交通信息是路网建设、交通规划、交通管理、智能交通系统等的基础信息。借助全面的、丰富的交通信息，不仅可以了解道路交通现状，还可对未来交通发展进行预测和分析，为交通规划和交通管理部门提供正确的决策依据。随着大数据及信息技术的发展，交通数据采集手段不断更新。目前，交通行业呈现出多源数据采集的发展态势。按照采集对象的不同对交通大数据进行分类，主要分为以路为对象、以车为对象、以人为对象、以环境为对象的交通大数据。

1）以路为对象的数据采集

传统的以路为对象的数据采集技术包括地感线圈检测技术、微波检测技术、红外线采集技术、超声波采集技术、视频采集技术、地磁检测技术等。近年来，视频采集技术随着人工智能图像识别技术的蓬勃发展而被推广和广泛应用，视频采集技术以视频、图像为研究分析对象，即对固定区域的图像进行分析处理来获取实时的交通信息，并且视频检测数据可直接输入交通信号控制系统中，从而有效地集成了电视监控系统和交通信号控制系统。

2）以车为对象的数据采集

以车为对象的交通数据采集方式通常利用装置在移动车辆上的特定设备来采集交通数据，主要方式有浮动车信息采集技术、车载终端采集技术、车载摄像头采集技术、射频识别信息采集技术、电子车牌、电子收费技术 ETC、蓝牙采集技术等。随着国家大力推广 ETC 的使用，对 ETC 设备的应用场景也被进一步挖掘，除了移动支付，ETC 也被用于车路协同等领域。

3）以人为对象的数据采集

近几年来，随着科学技术和电子信息化的发展，尤其是传感器技术、微电子技术和信息处理技术等的快速进步，以人和环境为对象的交通数据应用逐渐广泛。以人为对象的数据采集主要包括手机信令数据、互联网 LBS（Location Based Service，基于位置的服务）数据、公共交通刷卡数据、疫情防控数据等。基于人的数据采集可以获取人的出行链路，但目前的数据源都存在一定缺陷，如数据精度不够、链路不完整、难以识别交通特征等。

4）以环境为对象的数据采集

以环境为对象的交通数据主要指气候环境、地理环境产生的静态数据和动态数据，主要有气象、地质、基础地理信息数据，以及宏观的人口、社会经济数据等。

5）交通数据的综合应用

实时、准确的交通信息采集是城市交通大脑建设的前提和关键。总体来看，交通信息采集技术的发展方向从路面接触式向路面非接触式发展，从干扰性信息采集技术向抗干扰性采集技术发展，它的发展越来越成熟，应用越来越广泛。基于以路、车、人、环境为对象的交通数据采集技术各有优势与不足，适用于不同应用需求的场合。各大城市政府、科研机构及企事业单位已逐渐意识到数据融合所带来的叠加效应，纷纷将数据作为战略资源进行收集存储，打造新一代的城市交通大数据体系。

6）面临的问题和挑战

智能交通系统发展栉风沐雨 30 多年，已经初步建立了交通“触觉”体系。移动运营商信令数据、互联网 LBS 数据、车辆总线数据、电子车牌、网约车、共享汽车等基于个体的出行大数据逐步丰富，与传统的浮动车、固定检测器、交通调查、公共交通出行、出租车、旅游、客货运等交通行业数据相结合，数据感知初成体系。目前，交通大数据资源虽然丰富多样，但却缺少对出行者全链条数据的采集方式，人工调查的传统采集手段获取信息有限，容易受到人力、时间等成本制约，导致现阶段对交通系统的感知仍然是“片段式”感知，全链条感知尚待发展。

2. 数据质量标准

交通行业数据资源标准规范体系的层次结构由信息分类规范、信息编码规范、信息元数据规范、数据元规范、数据库设计规范、数据管理规范、数据采集规范、数据交换与共享规范 8 个分体系组成。

（1）信息分类规范：信息分类规范包括业务信息、资源信息、电子政务信息、人力资源信息、组织机构信息和科学技术等标准，以及交通系统专用信息分类。该规范规定信息资源的分类原则和方法，适用于交通信息资源的规划、编目、注册、发布、查询、维护和管理。

（2）信息编码规范：信息编码规范对交通信息涉及的业务信息的每个分类制定统一的编码标准，规定信息资源的标识符编码方案，以便为每项交通信息资源分配一个唯一不变的标识符。

（3）信息元数据规范：规定交通信息元数据框架、元数据著录规则，并定义交通信息元数据的内容。该规范适用于交通信息元数据编目、建库、发布和查询。

（4）数据元规范：规定交通行业数据元编制原则和分类，规范数据元的名称、数据类型、格式等属性定义，建立数据元目录及值域的代码集。该规范适用于交通行业数据库建立，相关管理信息系统、数据交换系统等设计与开发应用，信息采集、共享和交换。

（5）数据库设计规范：规定交通行业全域数据库设计需遵循的基本原则，明确数据库命名、数据字典设计、性能设计、数据库接口及数据模型定义等标准规范。该规范适用于交通行业数据中心的建设，并用于指导地区数据中心的建设。

（6）数据管控规范：规定交通行业数据资源管控的基本原则，建立数据资源目录管理体系，明确识别及报告数据质量信息的基本方法。该规范适用交通行业数据中心的运行管理和服务，并适用于数据资源目录体系的建立。

（7）数据采集规范：规定交通行业的数据采集的总体规格、业务历史数据信息采集规范、档案目录数据采集规范、交通地理信息数据采集规范、外场设施数据采集规范等内容。该规范应适用于指导交通行业数据资源建设、运行过程中的数据采集工作。

（8）数据交换与共享规范：规定交通行业信息系统的数据交换与共享规则、数据交换技术要求、数据交换内容和格式。该规范适用于交通行业数据中心的数据交换与共享系统建设、服务，并用于指导业务应用系统的建设，提供标准接口服务规范。

3. 地理信息数据

三维地图作为记录地理信息的一种图形语言形式，不仅为人们的出行提供了便利，也推进了计算机图形学、三维仿真技术、虚拟现实技术、网络通信技术的飞速发展，传统的二维电子地图被注入了新的活力，承载在互联网上的三维电子地图正成为电子地图发展的一个重要方向。网络三维电子地图不仅以直观的地理实景模拟表现方式，为用户提供地图查询、出行导航等地图检索功能，还集成生活资讯、电子政务、电子商务、虚拟社区、出行导航等一系列服务，为政府机关、企事业单位、商家企业提供宣传互动的快速通道，并以全新的人性化界面表现，为人们的日常生活、网上办事和网络娱乐等活动提供便捷的解决方案，从而推动网上数字城市的实现。

随着地理空间测量手段的不断发展，数字地图更新的速度不断加快，高精度数字地图的获取方式不断涌现，如通过三维激光扫描方式（包含地面激光扫描和航空激光扫描方式）等，它们是目前高精度空间数据获取的便捷方式。此外，三维地图也向更高分辨率、更高质量的方向发展，如基于深度学习的感知定位和测绘数据外业采集摄像头，通过 AI 技术处理，不仅可以实现自动化高精度处理，还能够形成规模化生产，可以大规模部署形成众包。在自动驾驶的实现基础中，高精度地图是必不可少的一项。车辆必须对所处的驾驶环境进行精准感知，才能有效确保驾驶的安全性与可靠性。与现在电子地图不同的是，其涵盖的数据资源、深度学习能力及智能化运用是一个质变的过程。

Waymo、Here、TomTom 是国外高精度地图领域中的佼佼者，资深的图商们都拥有专业的测绘车队，所以这类型企业主要采用集中制图模式，强调创建完整的 3D 高精度地图，支持自动驾驶汽车能够完全独立驾驶。Waymo 在高精度地图方面多服务于自有自动驾驶车队，对外公布的信息较少。Here 和 TomTom，前者是车企巨头，后者是传统图商，目前双方的高精度地图均已覆盖了几十万公里道路长度。国内方面有高德、百度、四维图新等诸多企业进行高精度地图的相关研究。高德地图接入中国气象局权威和精细化的气象数据，可为用户提供基于位置和出行全周期的智慧气象服务。在交通信息服务方面，高德地图已经与全国 150 家交通管理部门达成深度合作，在数据共享的同时，也为其提供大数据和产品、技术支持。百度地图增加了“交通方式智能识别”功能。通过对积累的几十亿条各类交通方式的轨迹大数据进行模型训练与评估，建立了相对准确的识别模型，此识别模型不需要人工干预，可自动识别每段轨迹的交通方式。四维图新与英特尔子公司 Mobileye 组建合资企业，计划在中国创建众包地图。两家公司将采用从安装有 Mobileye 摄像头和软件的汽车上获取的数据，上载后创建高清地图。

在数据空间搭载上，智能终端和互联网的发展推动了数字地图大规模应用，在为用户提供搜索、导航、定位等交通和娱乐休闲功能的同时，衍生出基于数字地图的道路拥堵状态显示、交通诱导信息发布、事故事件上报等出行服务，在很大程度上提高了公众交通出行的灵活性和信息动态掌握程度。但由于多源数据携带的空间信息与数字地图或道路网络的空间信息不一致、定位精度不够高、地图覆盖道路信息不足等原因，出行时空数据未能发挥其最大的价值，也使基于高精度地图技术的未来自动驾驶、车路协同等高新技术的发展面临掣肘的风险。另外，网络三维电子地图在给人们带来方便的同时，也给国家安全、社会稳定和人们隐私等带来威胁，需要制定相应法律法规来加以约束。

5.2.3　架构设计

面向未来城市交通大脑（简称“大脑”）为出行者提供全链条、个性化服务的目标，全量感知触觉体系要实现对交通运输体系中全要素（包括人、车、路、环境）、细化到出行个体（每个人、每辆车）的海量时空数据的全面感知，实现数据信息的高精度、高质量回传，实现数据与可计算的空间属性及道路网络的信息搭载。基于此，城市交通大脑的全量感知触觉体系（见图 5.20）涵盖三个层次、四个数据板块。三个层次为全量数据感知层、质量标准汇聚层和地理空间挂接层。四个数据板块为出行者子系统、车辆子系统、道路子系统和环境子系统。四个数据板块覆盖基于个人的出行全过程数据，三个层次逐层实现数据流的感知采集、回传存储与空间属性承载，为实现“个性化服务”与“全链条出行”提供强大的数据支撑。

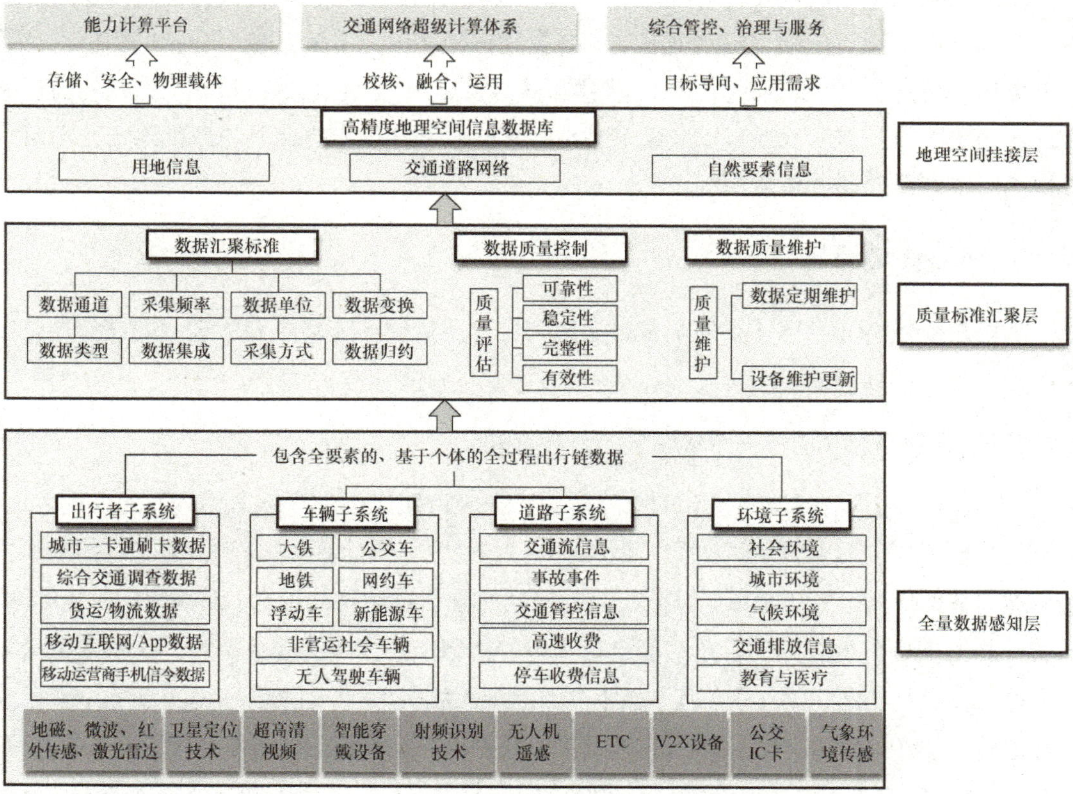

图 5.20　全量感知触觉体系整体架构设计

1. 全量数据感知层

全量数据感知层是整个城市交通大脑系统的数据来源。全量数据感知层在传统数据采集手段（如地磁、微波、红外传感、激光雷达、公交 IC 卡、ETC、卫星定位技术、射频识别技术等）的基础上，融合新兴的超高清视频、V2X 设备、智能穿戴设备、无人机遥感、气象环境传感等数据采集手段，采集覆盖政府、企业、公众全体系的，基于出行个体全链条、全时空的海量数据，使采集数据具备全时空洞察力与个体画像特征。

2. 质量标准汇聚层

质量标准汇聚层决定了触觉体系的数据质量，从而在很大程度上决定了城市交通大脑分析、判断的准确程度；建立了数据汇聚标准体系、数据质量控制体系与数据质量维护体系。数据汇聚标准体系包括数据通道、数据类型、采集频率、数据集成、数据单位、采集方式、数据变换、数据归约多个方面。数据质量控制体系包括可靠性、稳定性、完整性与有效性。数据质量维护体系包括数据定期维护、设备维护更新两个方面。

3. 地理空间挂接层

地理空间挂接层设计并开发城市交通大脑高精度地理空间信息数据库，构建包含专用地图、高精度地图、三维地图、地理空间数据库的地理信息系统。按照一张底图标准化整合基础地理信息，对用地信息、交通道路网络信息、自然要素信息等进行全方位整合统一。在此基础上，将汇聚的高质量、高精度数据智慧化承载在城市空间与道路网络上，以进行数据的时空特征深层次信息挖掘。

5.2.4 详细设计

下面对全量感知触觉体系的全量数据感知层、质量标准汇聚层和地理空间挂接层三个层次分别进行详细设计。

1. 全量数据感知层——个体触觉，泛在感知

“大数据”作为现代城市重要的战略资源，在城市交通中发挥越来越重要的作用。“互联网+交通”虽仍在起步阶段，但“互联网”“大数据”“云计算”“人工智能”等前沿科技在交通领域的应用已初见成效。日渐成熟的自动驾驶和自动驾驶技术、网联化的智能终端、移动互联的出行信息服务，以及共享出行等多种新型出行方式和服务模式，使得数据采集方式趋于多样化和网联化，也丰富了城市交通治理的数据来源，让城市交通运行态势和公众出行行为“有迹可循”。然而，当前智能交通系统中的数据采集仍停留在“片段式采集”“孤岛式存储”“粗放式管理”的阶段，对政企不同来源、不同行业、不同交通方式的多源异构数据尚存在“触觉差异”，导致系统缺乏对海量交通个体数据精细化的融合运用与校核分析。

城市交通大脑旨在通过搭建人、车、路环境的全量与全景数据资源池，实现对全量个体用户画像式需求细分、数据集成与融合处理，形成“个体触觉”与“需求全景”，从而在此基础上通过对交通网络进行实时智能化运算与模拟、未来趋势预判、时空资源调控等，实现供需适配、系统最优、智慧高效的交通系统。建设城市交通大脑的第一步就是要将城市交通“数字化”。触觉体系作为整个交通系统的“末梢神经”，一方面是整个系统的数据来源层，为超算体系实现交通运行状态的精准计算提供海量数据资源；另一方面又作为整个系统的反应输出层，将大脑控制中枢的指挥信息与数据需求反馈给交通参与者。

面向实现对交通运输体系中各种要素（包括人、车、路、环境）进行全面感知的需求，触觉体系需达到以下目标：在现有智能交通系统建设的基础上，融合新兴的智能穿戴设备、V2X 设备、无人机遥感等数据采集手段，拓展数据采集方式和采集设备覆盖范围，全面实现基础设施智能化，实现数据来源由“广”到“全”；在现有传统数据类型基础上，纳入基于人、车、路网、基础设施等全方位的智能终端数据、全景视频感知数据、社会开放 POI 数据、自动驾驶车辆数据、共享泊位数据等，实现数据规模由“少”到“多”。

1）出行者子系统

人是交通系统的主动参与者，也是所有交通出行需求的产生方。出行对于交通系统资源的需求本质上是人由于工作、生活及其他活动所产生的空间位移的需求。基于人的出行数据对于城市活动空间变迁、城市空间活动热点区域分析、出行时空需求预测、个体实时出行轨迹画像、个性化服务需求制定等具有重要支撑作用。在数据形式上，伴随未来移动智能穿戴设备的研发，以及共享出行、自动驾驶等新型出行方式与先进技术的发展，基于人的出行数据将在现有城市一卡通刷卡数据、综合交通调查数据、货运/物流数据、移动运营商手机信令数据、移动互联网/App 数据等的基础上，融合新兴的移动智能穿戴设备数据、众包数据（导航、网络签到）、身份识别数据、随身智能芯片数据等。在数据采集规模层面，在完善立法、保护个人隐私的前提下，实现基于出行个体的全链条、全时空轨迹数据、偏好数据的采集。智能移动终端、智能穿戴设备、智能芯片等数据采集设备同时作为信息服务设备，将城市交通大脑控制中枢发布的服务信息传达给出行者，完成城市交通大脑控制中心与系统用户的信息交互。

2）车辆子系统

车辆作为陆上交通系统中的主要客、货运载工具，是智能交通系统中的主要数据来源。基于车辆获取的位置、速度、方位角等数据是表征道路交通运行状态的基本参数，也是进行交通拥堵状态识别、交通事件监测、交通流运行实时调控等交通管理的重要依据。传统的车辆子系统数据主要涵盖铁路列车时刻表信息与票务数据，城市轨道的运行时刻表与刷卡数据，城市公交车的刷卡、车载定位、车载摄像头视频数据，营运出租车的定位、订单、车载摄像头数据，营运网约车的定位、订单、车载摄像头数据，新能源车辆的充电信息、车载摄像头数据，基于 OBD 的非营运社会车辆的定位、速度数据。5G 通信、边缘计算、车路协同、自动驾驶、智能网联等前沿科技的发展，持续为车辆子系统注入新型交通工具与服务模式，未来网联汽车数据、自动驾驶/无人驾驶车辆数据等新型数据将持续为车辆数据资源赋能，实现基于车辆个体的全过程出行链信息采集。

3）道路子系统

道路是整个交通系统的承载者，为交通参与者和车辆提供运行环境。传统道路子系统的数据类型主要包括轨道/公交线网站点信息、信号控制方案数据、道路检测器（线圈、地磁、RTMS 雷达）数据、高速公路收费站数据、静态交通数据、卡口视频数据、事故事件数据、道路施工信息等，但传统的数据采集方式易受到检测器布设、设备维护、网络传输等条件的制约，存在感知参数单一、单向传输且传输速度慢等问题。未来城市交通大脑感知体系的道路子系统将全面建设智慧道路基础设施，实现道路信息全息全网感知与数字化，增加多元化新型数据采集手段，如超高清视频、路侧边缘计算、智能充电桩、智能停车信息、能耗排放监测数据、ETC 收费信息等；以超高清视频数据为主导，融合其他多类结构化数据资源，在机器学习等人工智能技术的驱动下，可抓取城市交通运行管理、城市公共安全保障、应急疏散等多应用场景下的交通精细化运行参数和交通事件，支持城市交通大脑在交通各应用需求场景下的大数据分析计算与实时调控；充分发挥路侧边缘计算、智能基础设施的优势特点，增强道路与人、车之间的实时联动和信息交换，实现“聪明的路”“智能的车”“高效的人”，优势互补，协同服务。

4）环境子系统

环境指交通运行中人、车、路以外涉及的其他部分，是整个交通系统运行状态的重要影响因素。交通本身是一个复杂、联动的系统，与城市的人口、社会经济、能源、气候、教育、医疗等环境相辅相成。环境子系统应具备精准的时间、空间人口分布感知能力，突破现有以入户普查和自主填报为主的统计方式，为未来利用多源数据融合等创新技术手段进行人口感知预留足够空间；具备碳排放数据检测能力，融合停车、公交地铁刷卡数据，抓取公众出行碳足迹，精细化分析碳排放数据，鼓励低碳绿色出行；建立出行兴趣点信息库，融合教育、住房、就业、医疗等信息，为打造“一站式”出行服务平台服务；实时汇聚城市气象数据，如雾、霾、雨雪、大风、洪涝灾害、路面积水信息等，与道路交通运行数据融合支撑管控疏堵方案与应急预案的制订，增强城市交通应急能力与综合承灾能力；获取文旅景点、博物馆和医疗就医挂号等预约数据，融合公交、地铁、网约车等运营数据，提供“预约出行”一体化服务，避免因出行过于集中而引起的拥堵和等待。基于以上打造“交通+人口”“交通+经济”“交通+节能”“交通+教育”“交通+医疗”和“交通+气象”生态应用场景，让智慧交通为智慧城市赋能。

2. 质量标准汇聚层——质量把关，精准感知

近年来，随着传统交通数据采集设备的规模布设、交通大数据调查的范围推广、新型智能数据采集终端的普及应用、先进智能网联技术的快速发展等，智能交通大数据采集体系已初具规模，数据趋于多元化、网联化、个性化。交通行业大数据爆发式增长，给交通

运行特征挖掘、公众出行需求把握、交通病探查与治理等带来前所未有的机遇，同时也为海量数据的高精度质量控制、实时更新维护、精准信息挖掘带来全新挑战。

随着采集设备使用年限的增加，新技术、新需求的不断出现，大部分时限较为久远的设备已无法应对海量数据带来的新挑战，电子元器件在各种随机状况下均可造成意外损坏，导致设备回传的数据质量低下，影响采集数据的真实性和可靠性，出现数据“采而不可用”的局面，后续数据信息挖掘被数据质量掣肘。交通行业大数据掌握在不同政府部门、不同行业企业、不同互联网公司手中，各家掌握的数据精度不一，基于不同数据源进行的同一交通问题的识别或分析结果产生的差异较大，导致大数据未能形成对交通管理应用的精细化、持续性支撑；同时，数据资源的采集、存储、统计、表达通常由建设部门根据自身特点和需要专门制定，甚至同一建设部门内不同系统之间存在不同标准的数据资源，未能形成一致的数据存储和管理标准，不利于多源数据的信息融合分析与价值挖掘。

触觉体系的精准感知是城市交通大脑进行精确分析计算与个性化方案制定的基础，数据质量在很大程度上决定了“大脑”分析、判断的准确程度。因此，在建立大规模数据汇聚体系的同时，要对所采集数据提出质量要求，高精度、高质量、超细度、多维立体的回传数据才能支撑起一个健康、智慧的“大脑”。从数据汇聚标准、数据质量控制、数据质量维护三个层面，建立多源异构大数据资源的统一汇聚、存储、管理标准，严把数据质量关，控制回传数据的精度与粒度，在数据来源上实现从“粗”到“精”；严格控制数据采集设备的损毁率，定期维护历史数据，持续维持数据的使用价值。

1）数据汇聚标准

针对交通行业内不同类型数据，以及互联网等行业外数据，分类型建立统一的数据汇聚标准规范，明确数据入网、入库、入平台的规范性检验流程，对数据质量汇聚指标进行严格规定，全面把好数据质量关，实现对所接入数据的格式化与标准化。数据汇聚标准应包括但不限于对数据通道、数据类型、采集频率、数据集成、数据单位、采集方式、数据变换、数据归约等多方面的标准制定。

2）数据质量控制

建立多源大数据质量控制体系。结构化数据质量控制体系包含四个层面：数据完整性、数据有效性、数据可靠性与数据稳定性，并且需在每个数据特性维度下设立数据质量评估指标，以有效评价数据固有质量和数据传输质量。数据质量评估指标表征各类数据自身固有特性，不受回传或其他因素影响，具有固定指标值；数据传输质量评估指标受数据源、网络、设施等环境条件影响，指标值实时变动。通过设置回传间隔、丢包率等时间指标，覆盖范围、空间粒度、未覆盖率等空间指标来完成数据完整性评估；通过延迟时间、历史周期分别控制实时数据和历史数据的有效性；通过计算错误数据比率、重复数据比率、波动率、内外部差异率等指标来进行可靠性评价；通过检查数据文件格式、类型、字段、量纲、精度等来确定数据稳定性。非结构化数据重点从时间完整性、空间完整性，实时和历史数据的有效性来进行数据质量的控制。非结构化数据是多源数据融合校验的重要数据之一。通过搭建数据质量控制指标体系，实现从不同维度对多源大数据进行质量评估，为后期数据的挖掘、分析、应用奠定基础。

3）数据质量维护

数据质量维护涉及三个层面内容：传统数据采集设备维护和升级；新增数据采集设备的布设与定位；历史与实时数据的维护和更新。检修现有路面采集设备，对年久失修、故障率较高的地磁线圈等传统数据采集设备予以合理拆除或必要的替代更新；对仍在使用年限之内、采集准确率较高的设备进行合理更新升级，以适应当前及未来多源数据检测的需要。合理增设视频采集设备，在路面传感器设备检测率低、回传数据质量差的“传感盲区”，依托现有监控卡口、视频检测设备或采购新型超高清视频检测设备，搭建城市智慧交通综合感知网络，加强对城市交通的实时、全域、精准感知。建设智能路网，利用未来自动驾驶、车联网、车路协同等新技术，创新数据感知形式，自动感知车辆、道路、行人实时信息，形成大规模交通数据实时采集；增设智能路侧设施，如 V2X 路侧单元、智能信号灯、智能车辆调度设施、智慧诱导屏等，创建边缘计算节点网络，实现人、车、路、环境实时信息交互，以及部分数据计算在端完成，节省网络传输及云端存储计算资源。定期进行历史数据清查和备份，保留必要的原始数据和计算结果待查，删除冗余数据以节省数据库存储资源；对时间或空间部分缺失的数据进行记录和数据缺失说明，完善数据管理、维护、查询和使用机制。

3．地理空间挂接层——空间挂接，智慧承载

交通本质上是人或物的空间移动，交通系统与地理空间属性密切关联。在完成数据高质量采集与汇聚的基础上，需将数据搭载在城市空间与道路网络上，实现数据与城市空间属性的适配，才能发挥数据本身携带的时空价值。

随着自动驾驶、车联网 V2X 等新技术的迅猛发展，自动驾驶是未来交通进化的必然趋势，单纯的雷达、摄像头、激光扫描等传感器具有一定的局限性，高精度地图是自动驾驶技术应用落地的重要支撑技术之一；此外，未来交通管理模式将由粗放式管理向精细化管理转变，高精度地图将有助于实现实时路况信息抓取、精准街道景观识别、道路与基础设施在线量化审视等应用业务。因此，需要设计并开发城市交通大脑高精度地理空间信息数据库，依托城市规划、气象资源和交通行业资源，绘制城市交通大脑智能高精度地图，构建“全网交通资源一张图”，将用地信息、自然要素、道路与基础设施信息等进行全方位整合统一，以支撑未来交通精细化管理、自动驾驶落地应用的需要。

基于全自动采集机动车、骑行采集车、全自动采集无人机、图像自动分析等多种地图信息采集手段，研发全要素、高精度、广范围的高精度地图。在信息采集上，地图需涵盖道路网络、基础设施、自然环境、POI 等全部要素，并实时采集海量精准定位、实时路况、

用户个性偏好、热点检索信息等大数据，与其他多源大数据融合支撑交通信息挖掘与管理政策的制定；在数据精度上，区别于现已普及的普通导航电子地图 10m 左右的采集精度，高精度地图的核心优势在于能够达到亚米级的绝对精度，甚至更高的相对位置精度，满足自动驾驶对空间感知的要求；在覆盖范围上，覆盖城市全范围。在高精度地图的基础上，融合普通导航电子地图、交通专用地图、三维地图，搭建精准、直观、车道级别、各层面交通专题叠加的地理信息基础系统，实现车道级诱导、车道级事故报警、全程事件监测、违法监测、道路流量及车道实时流量分析所需的地理空间功能，实现交通感知信息的地理空间精准、智慧化承载。

1）用地信息

交通是城市的动脉，城市是交通的载体。城市交通的生成机理、交通行为、交通密度、空间组织、技术选择等都带有强烈的城市基因，城市用地信息是交通规划和发展的重要影响因素之一。城市用地信息涵盖居住用地、公共设施用地、工业用地、仓储用地、对外交通用地、道路广场用地、市政公共设施用地、绿地和特殊用地等。城市交通大脑感知体系将依托行业外城市用地信息，融合交通多源大数据，共同支撑城市交通大脑对交通系统供需平衡机理的解释、交通资源的合理分配、交通组织和管控方案的精准制定等。充分发挥手机信令数据、互联网位置大数据（LBS）等交通行业数据在城市用地识别、人口与就业岗位分布、城市出行 OD 热点区域分布、土地开发承载力等土地利用层面的应用，其用地信息分析结果进一步支撑潜在交通出行需求、出行资源配比、城市交通走廊、公交轨道线网布设、区域交通联系强度、区域交通协调发展、城市群划分等交通层面的应用与服务。

2）交通道路网络

高精度地图的道路网络模块，应具备逐级分层的交通网络地理位置信息，包括由高速路网、城市快速路网构成的“快速网”，由城市主干道、次干道组成的“干道网”，由支路组成的“毛细路网”，高精度地图可基于封闭的物理路网信息网络完备感知掌握每条路、每个路段、每个交叉口、每个车道的精准定位；除此以外，高精度地图与现有普通电子地图的重要差别在于能够提供精准的道路形状数据，如每个车道的坡度、曲率、航向、高程、侧倾等详细信息，可面向自动驾驶汽车提供精准位置定位、道路级和车道级路径规划、车道级引导等服务。基于高精度地图的道路网络搭建城市交通网络超级仿真平台，实现道路精细化仿真。

3）自然要素信息

高精度地图应涵盖影响城市交通的主要自然要素，包括地形、气候、河流、资源、海陆分布等。不同地形单元的地表起伏状况影响道路网络的分布格局、线网密度和弯曲程度，河流、气候和资源则主要影响城市用地布局，从而间接刺激交通需求的产生和交通运输方式的变化。依托交通行业外自然环境大数据，实现全要素在高精度地图上的统一整合。

5.2.5 建设分期

全量感知触觉体系的建设主要由大数据信息采集、数据标准、地图导航、通络通信等多领域的政府相关职能部门、传统行业企业及互联网公司共同协作完成。政府部门根据自身职能特性，重点负责大数据采集、传输、汇聚相关标准规范的制定和监督推进；传统行业企业发挥多年数据积累和经验优势，重点负责公交车、出租车等车辆位置数据，公交刷卡等行业大数据的采集与汇聚；互联网公司利用用户规模大、数据种类多等优势，主要进行手机信令数据、网络 LBS 等新型多源数据的感知与汇聚。各方共同致力于实现全量感知触觉体系的快速发展和长足进步。

1. 初级大脑阶段（5 年左右）

该阶段具备泛在感知能力，重点是提升交通信息感知的质量、广度、精度和细度，建立标准化数据格式。

（1）全量数据感知层：拓展数据采集方式，实现数据采集设备高密度覆盖，实现人、车、路、环境子系统数据大规模、高精度、细粒度采集和回传。

（2）质量标准汇聚层：建立多源异构数据准入标准，明确数据汇聚和存储格式，实现不同来源、不同行业、不同方式数据源的统一汇聚，实现信息采集设备的定期维护和更新。

（3）地理空间挂接层：设计并研发专用地图、高精度地图、三维地图，实现城市交通大脑地理空间信息“一张底图”标准化。

2. 中级大脑阶段（10～15 年）

该阶段具备各子系统信息互联互通能力与人、车、路信息初步协同能力。

（1）全量数据感知层：拓展信息采集维度，实现数据全链条、分方式、多维度采集和回传，搭建分布式大数据资源池。

（2）质量标准汇聚层：以应用场景为需求导向更新和完善数据准入机制，实现数据高精度汇聚和存储，实现各子系统汇聚信息之间的互联互通。

（3）地理空间挂接层：融合专用地图、高精度地图、三维地图搭建城市交通大脑高精度地理空间信息数据库，实现车道级、精确化交通管理与分析所需的部分地理空间功能，实现人、车、路信息初步协同。

3. 超级大脑阶段（20～30 年）

该阶段对全方位数据进行用户画像式挂接集成预处理，形成“个体触觉”，产生具有全时空洞察力和具有个性画像特征的完备数据。

（1）全量数据感知层：实现基础设施全面智能化，实现城市交通大脑管理、控制、服务信息“零延迟”输入和输出。

（2）质量标准汇聚层：实现子系统信息实时融合交互。

（3）地理空间挂接层：实现交通数据高度智慧化承载，实现“个性化服务”“精细化管理”所需的地理空间功能，实现人、车、路信息高度协同。

5.3 超级计算层：大规模交通网络超级计算

5.3.1 在城市交通大脑中的定位

超级计算能力是城市交通大脑的“脑核”部分，是让“大脑”具备思考能力，实现精准、高效融合、计算、分析的核心中枢。城市交通大脑要求实现对未来千万级人口、百万级辆车在百万级大规模交通网络上的快速计算、分析、分配与调度，要求实现交通网络计算的全局性、系统协同性、响应实时性。

全景、全量数据资源汇聚是“大脑”超级计算的基础与支撑（见图 5.21），为“大脑”的计算提供资源；“大脑”超级计算体系也需要实现对海量汇聚数据的融合校验与特征提取。能力计算平台是超级计算的物理载体，使复杂的交通网络算法得以实现。大规模交通网络超级计算体系要求构建数字平行交通系统，实现对现实交通网络的实时模拟，提出最优化解决方案，进而支撑精准的交通管控，实现资源的优化配置；同时，通过网络优化调度与快速求解，为出行者一体化、个性化出行服务提供支撑。

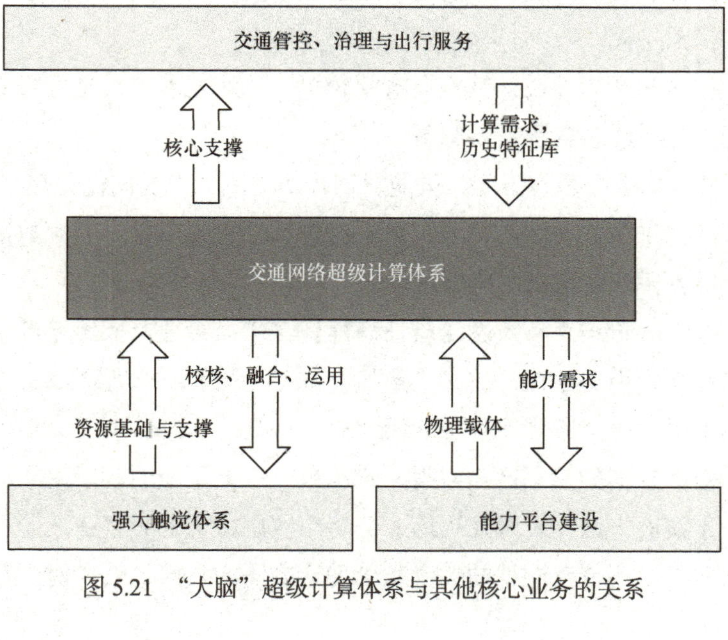

图 5.21 “大脑”超级计算体系与其他核心业务的关系

5.3.2 现状分析

交通网络算法涵盖交通大数据信息提取、交通建模仿真、交通网络调度等不同层面。从现状来看，大规模交通网络计算发展特征如下。

1. 交通大数据信息提取

随着交通大数据类型的不断丰富，不同类型数据的结构、形式、质量等有了更强的差异性，文本化数据、视频数据、语音数据等不同数据形式在预处理和信息提取的算法上存在很大差异，给数据处理和有效信息的精准提取增加了难度。数据种类多并不代表所获取的信息多，只有实现对大数据的精准挖掘，才能真正发挥大数据在交通领域的应用价值。同时，随着数据种类的增多，如果多源信息不能有效校验和融合反而会带来“认知困惑”，难以确认真值，这对多源异构数据的有效融合和验证也是非常重要的环节。另外，数据体量激增，5G 数据、视频监控数据等日数据量已经提升到 TB 级以上，对数据信息提取算法的集约性提出了要求；车路协同、自动驾驶等领域的发展，需要数据信息的实时处理和交互，进而对数据处理算法的速度也提出了更高的要求。

当前，随着人工智能技术的发展与成熟，基本能够实现对多样化交通大数据的高效处理，以及对不同格式数据的信息提取与挖掘。计算机视觉技术实现了对海量视频数据的信息快速提取，实现了对环境中有效信息的监测和筛选；自然语言处理技术实现了对自然语言数据的翻译和提取，使得海量的文本文字及声音语言都可转化为有效信息被提取和挖掘，极大地扩增了信息边界；机器学习技术实现了对信息的学习和训练，能够实现基于历史数据的现实重构与预测。总体来说，现阶段，已经能够实现对海量大数据的处理、信息提取和一定程度上的深入挖掘。

但是，大数据作为新兴领域，其发展时间较短，虽然发展势头迅猛且应用广泛，但在交通领域的应用仍存在诸多难题需要突破。

首先，在多源异构数据融合方面，虽能够初步实现不同数据间的简单“对话”，但仍受限于不同部门、不同来源数据间的差异，数据融合算法深度不足，多源数据融合尚处于浅层融合，尚不能够发挥融合数据的应有价值。

其次，对于数据分析结果有效性的验证尚停留在依靠行业专家经验的阶段，尤其是对大数据特征提取的结果仍旧存在“触觉差异”和“认知困惑”，数据校核体系不完善，也就导致了大数据尚未形成对交通管理应用的精细化、持续性支撑。

此外，虽然对大数据的挖掘已经取得一定成果，拓宽了交通领域对于出行特征的认知边界，但海量、丰富的大数据资源在提炼、分析与应用技术上尚存在瓶颈，新兴大数据刚刚被应用到交通领域，还缺乏应用的关键基础理论方法的支撑，缺少对大数据深层次的审视与挖掘。

2. 交通建模仿真

交通建模仿真领域发展已久，技术相对成熟，根据分析目标与对象不同，目前划分了三个层次的交通模型：宏观模型、中观模型和微观模型。宏观模型对应战略规划、综合交通规划层面，中观模型对应局部区域交通研究，而微观模型则侧重于小范围交通分析[27]。交通模型在建立城市交通规划体系、研究出台交通发展政策、规划布局大型交通基础设施、为城市交通治堵措施提供定量化分析工具、建立城市交通发展长效评估机制等方面发挥了重大作用。但是，交通治理系统化、精细化需求的提升，对城市、土地、交通等不同领域建模与仿真的协同性，以及大规模交通模型的运转速度提出了更高的要求。

虽然交通建模仿真在交通治理与交通规划等领域已经发挥了举足轻重的作用，但面临着新的形势和需求，交通模型在以下方面仍需要进一步突破。

（1）目前，交通模型的精度有限，且缺少交通模型精度检验标准[28]，一方面存在规划和现实的“矛盾”，导致了模型预测结果与实际的“偏差”；另一方面，交通仿真建模的底层理论模型尚存在缺陷，导致了上层的误差。

（2）目前，大规模网络模型的计算效率低，尚无法实现对全网络的实时模拟，制约了交通仿真模型的应用。

（3）模型协同性不足。一方面，交通模型与土地、城市规划模型不能实现“对话”；另一方面，宏观、中观、微观不同层次模型也不能实现互联互通，导致系统协同性差，无法实现顶层视角的全网统一模拟。

3. 交通网络调度

传统的交通网络调度算法主要应用于公共交通领域，实现对地面公交、轨道交通的时刻表编制和车辆调度。随着网约车行业的迅猛发展，交通调度逐步向地面小汽车出行拓展。由于交通网络上小汽车体量远远高于公共交通车辆，且未来可能面向全网调度发展，因此若想覆盖交通网络庞大的出行个体，对网络调度算法提出了极大的挑战。

大规模交通网络调度需要考虑交通网络设计、交通网络配流等问题。目前，交通网络设计已建立起单层规划模型、双层规划模型等较为成熟的方法；交通网络配流也对最短路问题、最大流问题和最小费用流等问题进行了非常深入的探究；在交通网络调度问题中，同时考虑了时间问题与成本问题，探索了蚁群算法、禁忌搜索算法、遗传算法等方法。近年来，部分以出行服务为主的互联网企业逐步建立了基于交通网络配流与调度的交通网络车辆派单系统。约约出行网约车通过抑制需求和运力调度的方法实现了网络优化调度，将大数据、人工智能算法渗透到预测目的地、价格预估、时间预估、最佳路径匹配、司机和乘客匹配、订单分派、供需预测、预测乘客体验等各个环节，实现了司机和乘客的最优匹配，保证司机资源的有效利用。

但是，目前的交通调度算法，不论是从效率上还是算法最优程度上，还远远不能满足全网一体化出行调度的以下需求。

（1）目前复杂的交通网络调度算法的计算效率极低、应用性不高，而简单的算法远未达到系统与全局最优。

（2）目前尚无面向于未来预约出行的、全市域出行者超级时刻表编制算法，这恰恰是未来预约出行新模式应用中需要突破的计算瓶颈。

5.3.3 架构设计

面向构建城市交通大脑对交通网络超级计算的需求，超级计算体系不仅需要实现对海量汇聚数据资源的融合校验与特征提取，还需要实现对大规模交通网络的在线模拟，通过智能训练算法实现资源自适应匹配，通过网络调度算法实现全网出行分配。基于此，大规模交通网络超级计算体系设计（见图 5.22）涵盖四个层次。四个层次为信息提取与融合层、交通特征挖掘层、交通网络建模仿真层、供需适配调度层。这四个层次共同构成交通流系

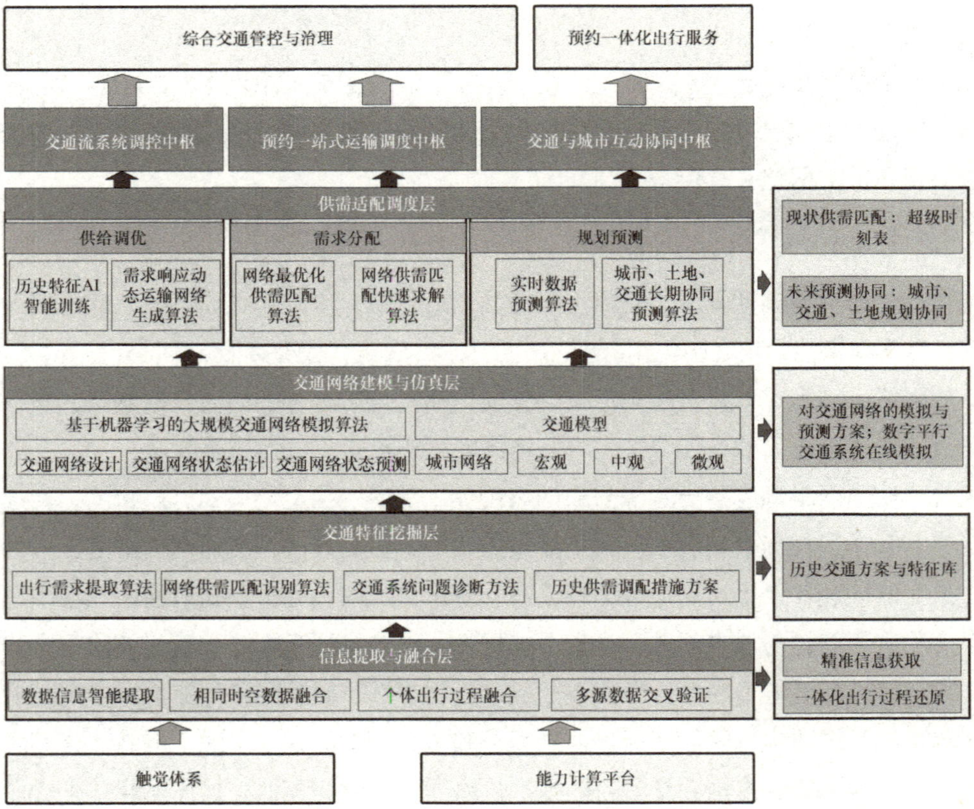

图 5.22　大规模交通网络超级计算体系设计

统调控中枢、预约一站式运输调度中枢、交通与城市互动协同中枢这三个“大脑中枢”，支撑综合交通管控与治理、预约一体化出行服务。

（1）信息提取与融合层：是超级计算的基本层次，通过对数据信息的提取、数据间融合与验证，实现信息的提纯与加工，以支撑复杂、精准的网络运算。该层包含数据信息智能提取算法、相同时空数据融合算法、个体出行过程融合算法，以及多源数据交叉验证算法。该层的输出结果为融合多源数据后的精准信息，以及基于每个出行个体的一体化出行过程还原。

（2）交通特征挖掘层：基于融合后的精准数据信息，实现对数据的深度挖掘与剖析，辨析交通网络供需匹配关系，实现交通系统问题诊断。该层包含交通系统的出行需求提取算法、网络供需匹配识别算法、交通系统问题诊断方法、历史供需调配措施方案，该层次的输出结果为历史交通方案与特征库。

（3）交通网络建模与仿真层：是构建数字平行交通系统的核心层，通过机器学习算法实现对网络的模拟，通过构建交通模型实现对现实网络的再现。该层包含交通网络状态估计、交通网络设计、交通网络训练等基于机器学习的大规模网络模拟算法，以及城市网络与宏观、中观、微观不同层次的交通模型。该层的输出结果为对交通网络的模拟与预测方案，以及数字平行交通系统在线模拟。

（4）供需适配调度层：包含供给调优、需求分配、规划预测三方面，是基于数据融合、挖掘及网络建模仿真结果，对交通治理与出行服务应用的直接支撑层，通过智能算法及网络优化调度算法，支撑一体化、预约出行等模式的实现。该层包含历史特征AI智能训练、需求响应动态运输网络生成算法等供给调优算法；网络最优化供需匹配算法、网络供需匹配快速求解算法等需求分配算法；实时数据预测算法，城市、土地、交通长期协同预测算法等规划预测算法。该层输出结果包含两个部分：一是现状层面，形成供需匹配算法，生成网络超级时刻表；二是未来预测协同层面，形成城市、交通、土地规划协同匹配算法。

大规模交通网络算法的四个层次逐层深入，实现城市交通大脑的核心计算中枢功能。

5.3.4 详细设计

下面对大规模交通网络超级计算体系的信息提取与融合层、交通特征挖掘层、交通网络建模与仿真层、供需适配调度层四个层次分别进行详细设计。

1. 信息提取与融合层——融合感知，综合判断

城市交通大脑强调全方位数据的运用，对政企不同来源、不同行业、不同交通方式，细化到出行个体的海量时空轨迹数据进行采集，实现对交通运输体系中各种要素的全面感知。但各类型数据都存在自身的缺陷与偏差，所汇集数据属不同来源、不同类型，提供信

息又存在一定差异性，导致海量数据信息“自说自话，无法沟通”，进而导致交通认知“困惑”，同时也带来了认知偏差。

随着大规模数据的关联和交叉，数据特征和现实需求都发生了变化。以大规模、多源异构、跨领域、跨媒体、跨语言、动态演化、普适化为主要特征的数据发挥着更重要的作用，相应的数据存储、分析和理解也面临着巨大挑战。数据产生的方式不断扩展，数据之间的联系变得千丝万缕，呈现出大规模数据关联、交叉和融合的局面，数据出现了如下新的特征：① 多元性，当下数据不仅是类型多样，更重要的是数据内容的“维度”多样和知识范畴的“粒度”多样，呈现出多元性；② 演化性，即数据随时间或解释的变化而变化的特性，体现了数据的动态性和知识的演化性；③ 真实性，主要由实体的同名异义表示和异名同义表示及关系的变化引起；④ 普适性，即在认知范围内可以达成共识关系的特征。

为了实现交通运行精准判断，提出了以下需求。

（1）提出了对海量非结构化数据的高精度交通信息提取的需求，使得不同结构、不同格式的数据能够转化为有用的交通信息。

（2）提出了多源数据的校核验证需求，让不同来源的数据的计算结果可追溯、可对比、可校核，以保障融合后的数据结果更可靠。

（3）为了获取全景综合交通信息，避免单一数据产生的认知盲区与误差，提出了数据精准融合计算的需求，通过建立数据间、信息间、知识片段间多维度、多粒度的关联关系，实现更多层面的知识交互，以实现对海量数据信息的综合判断。

（4）提出了对个体全链路出行信息获取的需求，对数据融合提出了以交通个体为融合挂接基本单元的融合处理模式，最终实现以交通个体为数据融合基本单元的画像式需求细分、数据集成融合处理模式，实现“个体画像”与“供需全景”的目标。

1）数据信息智能提取

随着交通领域数据采集方式越来越多样化，所获取的数据格式、数据内容也越来越千差万别。有的数据甚至需要经过复杂的分析和提取才能转化为交通领域可用的数据信息，例如视频数据、图像数据、语音数据，以及非结构化的文本数据等。

大体量的视频、图像等非结构化数据，无法以人工的手段进行信息获取，但又是非常有价值的交通信息，且城市交通大脑对视频与图像数据的利用将不断深入，因此需要借助人工智能手段，持续深入研发基于深度学习的图像与视频语义分析算法，实现对该类信息的实时提取与应用。

2）相同时空数据融合

一方面，多种数据源可能会对同一时空交通特征参数，或有函数关系特征参数产生数据值信息，当不同数据源之间的信息发生冲突时，就需要针对每种数据源信息的特征进行分析、评估与融合，对冲突进行消解；另一方面，单种数据源会受到数据源本身的检测局限，产生数据信息可能会有偏差，因此需要综合多种数据源的信息，融合产生更为可靠、精准的交通信息。

在相同时空数据融合过程中，需要突破加权、求平均等简单算法，深入探究每种数据的本源特征，结合对数据自身优缺点、可用性的把握，实现不同数据本源上的融合。

3）个体出行过程融合

基于群体的数据与基于时间、空间的聚合数据可以帮助提取整体出行需求特征，支撑一定区域或交通走廊的供需匹配性分析，但难以精细化捕捉出行个体的特征，这对于未来面向出行者个体的一体化出行服务来说还远远不够。基于公交车数据、自行车数据、小汽车出行数据等不同出行方式数据源，可以获得同一出行个体、同一条出行链路的片段化数据，对基于同一出行个体、不同数据源的片段化出行数据利用数学方法或数据特征进行关联与挂接，还原出行者完整的出行链路，是实现基于出行者个体精细化服务的基础，也是在未来必须突破的难题。

这里的出行个体包含两个层面：一是基于人，即一个出行者从出发点至到达点之间步行、自行车、公共交通、小汽车等各个出行过程的关联，实现出行者全出行链路、出行轨迹的还原；二是基于车，即一辆车出行起讫点之间基于卡口数据、电子车牌数据、停车数据等完成出行轨迹的还原。

4）多源数据交叉验证

目前，数据应用的困境在于难以评估数据所提供信息的准确性，尤其在大数据时代，大数据带来的大尺度空间数据信息难以根据经验值进行评估，而不同的数据源之间的信息又往往存在偏差，让人产生了“认知困惑”，无法确认可信值，最后只能弃而不用。

因此，面向未来的城市交通大脑应用需要构建一套完整的多源数据交叉验证体系，能够通过该体系验证数据真伪，做到去伪存真，让大数据发挥应有的价值。一方面，该体系包含数据的自证系统，通过特定指标实现数据内部的自我校验；另一方面，通过两种或多种不同数据之间的关联关系，交叉验证数据的准确性。

5）拟输出成果

基于以上算法，在信息提取与融合层，一方面，能够实现从海量大数据中提取精准、有效、准确的数据信息，增强大数据在交通领域的可用性；另一方面，能够实现对基于出行个体的一体化出行链路过程的还原，为一体化预约出行服务奠定坚实的基础。

2. 交通特征挖掘层——历史储备，特征挖掘

数据挖掘是按照既定目标从海量数据中提取出潜在、有效并能被人理解的数据模式的高级处理过程。交通特征挖掘的特点在于处理的数据规模十分庞大，达到 GB、TB 数量级，甚至更大；为交通规划、设计、建设提供决策信息等都必须对历史数据进行统计分析来进

行评价；在一些应用中，由于交通数据变化迅速，因此要求数据挖掘能快速做出反应以随时提供决策支持；特征挖掘所发现的规则是动态的，它只反映了当前状态的数据库具有的规则，随着不断地向数据库中加入新数据，需要随时对其进行更新。交通特征挖掘从一个新的角度将数据库技术、机器学习、统计学等领域结合起来，从更深层次中挖掘内部存在的交通信息，提供广泛而及时的服务。交通特征挖掘算法在数据融合校验算法的基础上对大量交通数据进行抽取、转换、分析及模型化处理，从中获取有效、新颖、潜在有用、最终可理解的模式，提取辅助决策的关键性数据。

多年沉淀与积累的历史交通数据、运行态势、对应政策、方案、决策是宝贵的交通储备资源，对历史数据的分析与总结以及对历史事件的归纳、剖析、解读，为“大脑”的学习与训练奠定了基础。因此，对城市交通大脑计算中枢提出了搭建交通规划、决策、运行、管理、控制等历史交通特征库的需求，为“大脑”的智慧决策提供知识储备。基于所构建的历史特征库，一方面，交通研究人员能够从全局顶层视角进行交通行为特征捕捉、规律探索、指标体系建立；另一方面，也要求“大脑”对历史数据与决策效果通过深度机器学习不断训练优化。

1）出行需求提取算法

从海量大数据中提取交通出行需求是对大数据最基本的应用。目前提取的需求信息包括出行 OD、出行量时空分布，出行时耗、出行距离等特征参数，居民职住特征等。但是，当前的需求提取仅停留在数据统计的浅表层，尚未实现对大数据的深度挖掘。未来，为了实现城市交通大脑的信息储备，需要构建对大数据运用的基本理论体系架构，从基础理论出发，基于成熟的算法体系，深入挖掘大数据中的隐含信息，能够进一步拓宽对现状交通系统特征的认知边界，充分发挥数据的价值。

2）网络供需匹配识别算法

仅通过出行需求的识别与挖掘还远远不足以实现对交通决策的支撑，需要将交通出行需求与交通基础设施供给匹配分析，才能够识别出交通网络上的瓶颈点、段，找到供需失衡点。但是，目前对于供需匹配的算法过于粗略。面向城市交通大脑的功能，未来需要实现精细到网络上任意路段与节点或出行者个体的供需匹配算法，实现对交通网络供给、需求匹配关系的扫描式掌握。

3）交通系统问题诊断方法

交通系统问题诊断是在交通供需匹配关系分析的基础上，基于所得匹配分析结果，识别导致供需失衡的根本问题与原因。对交通系统问题的诊断能够直接支撑交通决策与政策的制定。面向未来精细化的交通政策制定，交通系统问题的诊断方法也需要突破粗略、宏观、概括的现状，需要形成一条能够精细到人、精细到车、精细到每条路段与交叉口节点的问题诊断体系，进行精细化的问题分析。

4）拟输出成果

通过交通特征挖掘层算法的研究，搭建交通规划、决策、运行、管理、控制等的历史交通方案特征库，为“大脑”的智慧决策提供知识储备。构建交通特征库不仅包含全景融合数据经过处理、挖掘与分析等知识化后交通网络任意节点的交通特征信息，还包含网络任意节点的基础设施供给信息，以及可能的交通问题库、交通措施与方案备选库。

一方面，历史特征库可以支撑交通研究人员从全局顶层视角进行交通行为特征捕捉、规律探索、指标体系建立，为规划与政府决策提供智力支撑；另一方面，也可以支撑“大脑”对历史交通特征及交通事件处理训练、学习、分析，通过深度机器学习不断改进优化，并对历史特征库进行迭代更新。

3．交通网络建模与仿真层——网络建模，仿真模拟

交通网络系统由设施网络、径路网络、组织网络、需求网络 4 类构成，相互交织的网络是人类社会经济活动空间相互作用乃至城市体系结构的重要表征。其中，交通节点形成设施网络，交通线路构成径路网络，而节点与线路的结合形成组织网络。城市道路网系统是一个由道路、车辆、人所组成的复杂系统。系统的复杂性导致无法以解析方法分析系统运行的质量，从而必然要求以仿真的手段分析城市道路网系统运行状态。大规模交通网络的实时模拟为交通规划和交通管控提供了平台和基础，因此系统结构易于扩展。考虑到网络规模较大，每次需要更新状态的对象比较多；同时，考虑到实时模拟的要求，模拟系统必须具备高效系统性能，状态更新速度快。

基于城市空间结构与交通系统的动态互馈原理和交通系统的内在运行机制，以微观机理融合宏观机制为指导思想，构建大规模交通网络建模与仿真算法。通过将大数据信息转换为智能体数据库建立交通仿真数据库，用来描述超大规模情景下的交通路网模型，定义连接微观、中观、宏观的城市路网交通状态参数。研究交通网络演化规律，纳入道路用户外部性构造目标函数，进而建立交通系统最优化模型。在此基础上，对路网交通状态及其演变规律进行分析，利用交通系统和城市空间结构之间的动态互馈作用、区域间经济联系的概念、无标度网络演化规则的设计理念设计交通网络演化规则，刻画演化机理，并结合交通系统最优化模型，构造交通网络演化模型与算法。利用数据处理与机器学习对智能体决策进行迭代反馈，提高仿真模型的精度。从宏观、中观、微观三种粒度构建一体化交通仿真模型，对现有系统进行详细的刻画和描述实现再现，对未来系统的交通运行状况进行再现预测和推演。构造仿真模型的流程图，包括输入、处理、输出三个组成部分，根据输入、输出要求收集和处理所需的数据，使之符合仿真模型的需要。采用自上而下的循序渐进的方法建立数学模型，并以此为基础建立数字平行交通系统。最后，输出仿真指标，可视化仿真系统功能，对仿真结果进行统计检验。

对于大规模交通网络的建模与仿真是构建数字平行交通系统的基础，“大脑”需要实现对真实交通网络的重构与模拟，包括宏观、中观、微观不同层次动态模型的构建与不同层次之间的支撑融合，以实现系统运行效率的实时评估与未来预判。

1）交通网络设计

交通网络设计是交通网络问题中最难、最基础的问题。交通网络是一个庞大的网络体系，需要分层次进行构建与设计，例如划分为城市道路网络、公共汽车网络、轨道交通网络、绿色出行网络等；而每层网络又可按照功能级别划分为不同层次，例如道路网划分为快速路网、主干路网、次干路网、支路网等。面向未来城市交通大脑的实施，城市道路网络已基本成型，重新设计的可行性很低，主要以部分点、段优化为主；轨道交通网络建设成本高，在未来年增设将按既有进度进行；公共汽车网络、绿色出行网络的设计与优化空间很大，是主要考虑的网络设计体系。

对公交服务网络、绿色出行服务网络的设计应充分分析城市路网的拓扑结构形式和功能层次，考虑分层优化的思想，在多层网络的框架下对公共交通与绿色交通出行服务网络设计问题进行模拟，同时需要考虑对建模求解的可能性，设计相应求解算法。

2）交通网络状态估计

目前，对交通网络状态的捕捉主要通过数据获取。但是，一方面，数据存在自身属性偏差；另一方面，数据能够反映当前的状态与特征，但不能够反映时间、空间上的特征逻辑与关联，需要结合大规模交通网络建模算法，通过深度数据学习的网络实现模拟、实时分析和评价交通状况，清晰地描述各个行驶方向的交通流转向和可能出现的冲突情况，反映交通流之间的逻辑关系，有效地体现交通流的随机因素，按设想要求实现对动态交通状况的重现。

3）交通网络状态预测

交通网络状态预测包含两个层面：一是根据历史交通运行特征数据进行短时间的运行状态预测，如 10 min、30 min、1 h 的交通流量估算等，可以支撑对异常交通运行状态的预警与预报，以提前准备，减少交通损失；二是对未来 5 年、10 年或 20 年的长时间的网络运行状态估算，可以支撑交通规划与交通基础设施建设。

对短时间的网络交通状态预测主要基于人工智能算法实现，通过对历史海量交通网络数据进行训练与特征学习，结合交通网络的时空特征与环境等外界因素预估下一个短周期的可能状态。现阶段交通短时预测的准确度尚不精准，难以支撑精细的管理与决策实施。面向未来交通大脑的需求，需要进一步提升交通短时预测的准确度与精细度。

长期交通网络状态预测主要基于交通模型完成，结合未来年城市、土地利用等状态，预估未来可能的交通流水平。目前，对于未来的交通预测，由于交通内外部系统间相互作用机理更加复杂，还远未找到系统清晰的规律特征，同样存在预测与实际偏差较大的情况，需要不断进行理论探索和算法优化，以提升准确度。

4）交通模型的构建与协同

交通模型根据建模对象及范围的不同可以划分为宏观模型、中观模型、微观模型。一般来说，宏观模型侧重于对城市范围整体网络的描述，对应战略规划、综合交通规划层面；中观模型对应局部区域交通研究；微观模型侧重于小范围交通分析，重点是对路段、交叉口节点等的交通流、人流模拟与分析。现阶段，交通模型的构建仍是分层、分领域各自处之，宏观的城市交通规划与战略、中观的区域建模与诊断分析、微观的交通流模拟与信号控制等，尚不能够真正互联互通，导致各个层次割裂，无法对话，使不同层次的决策与方案具有局限性和片面性。

面向城市交通大脑全局视野与系统优化原则，未来宏观、中观、微观不同层次的交通模型需要互联互通，互为输入/输出，构建起交通系统局部与整体的协同关系。同时，构建的模型应能够实现对真实交通网络的再现与模拟，能够基于实时数据实现虚拟网络与现实网络的联系，并及时进行跟踪与反馈，即形成数字平行交通系统。此外，交通网络需要与城市网络、土地利用网络互动协同，让交通规划、城市规划、土地利用规划等多项规划合而为一，既能让交通作为城市规划的“结果承担方”，也能让交通作为城市规划的“因素影响方”，从城市网络角度解决交通的根本问题。

5）拟输出成果

在交通网络建模与仿真层，既能够进行高精度、精细化的交通网络的模拟与预测，又能够构建不同层次相结合、内部外部相结合的数字平行交通系统，通过现实世界实时回传的交通数据信息，实现虚拟网络与现实网络的联系，实现现实交通网络的重构与再现，对交通运行状态和问题进行及时跟踪与反馈，直接支撑政策与决策的实施。

4．供需适配调度层——现状供需适配，未来协同预测

交通运输调度优化问题一直是城市交通大脑建设所面临的重要挑战之一。交通运输调度优化的支撑技术受到相关领域研究人员的广泛关注，而建立合理的数学模型和可行的方法又是求解该问题的关键。在有限的交通运输资源条件下，如何平衡不同个体的出行需求与各自的约束条件，实现全局性的交通运输最优调度，是一个博弈问题。

目前的交通运输调度主要应用于铁路、航空、货物运输、轨道交通等领域。近年来，城市交通出行调度也开始逐渐兴起，出现了网约车等新型的出行模式。但从应用领域来看，铁路、航空等领域需求确定（已知）、路径有限、载运工具集约程度高，相应的调度算法复杂程度较低。而面向城市道路多模式交通网络的个性化、离散化的个体出行领域，调度算法的复杂程度显著提高。目前，网约车调度算法在一定程度上实现了单一出行方式的按需调度，但该算法的最优化程度远远不够；而且目前覆盖的出行个体也不算十分庞大。

面向未来城市交通预约出行与一体化出行的新型出行模式，需要进行现状的供需匹配和未来的协同预测。在供给层面，“大脑”需要实现基础设施全面智能化与智慧化，提出基于需求响应的动态运输网络生成算法，基于历史数据学习与训练实现基础设施资源自动化调节与优化；在需求层面，“大脑”需要实现对出行需求进行精细化、可靠的“全调度”，对城市网络中的每个出行个体进行个性化调度，进而需要提出对全网不同层次的出行需求的调度与匹配算法，同时需要对调度与匹配配流算法进行快速求解，对整个交通网络上的车辆进行实时配流；此外，除了对现状的把握，“大脑”还需实现对未来的预测，既包括实时数据的短时预测，也包括基于对城市、土地、交通协同算法的长期预测，构建大脑“掌控现在、把握未来”的强大算法功能体系，为大脑核心中枢运转提供根本动源。

1）历史特征AI智能训练

对历史数据的学习与训练是智能算法的基础，这需要基于全景、全量数据资源池，对交通特征进行千亿次迭代训练，以使智能算法具备交通知识体系。目前，神经网络以及优化神经网络等训练方法对输入信息质量的依赖性较强，当信息噪声较强时，输出结果并不理想，还需要进一步提高训练与自省学习的能力。

2）需求响应动态运输网络生成算法

交通网络局部最优化供需适配措施计算是交通流系统调控中枢的核心。通过对历史交通流数据、基础设施供给数据、供需匹配关系数据等的学习与训练，交通系统将针对局部点、段的实时交通流运行特征进行交通基础设施的局部调优，以适配交通流的变化。例如，局部交叉口信号灯配时的实时优化、基于道路双方向交通流潮汐变化的动态可变路权分配等，都是未来需要实现的目标。局部最优化供需适配对算法提出了较高要求，一方面需要实现输出结果的准确性，另一方面对交通流响应的实时性也提出了较高要求。

3）网络最优化供需匹配算法

面向城市交通大脑预约一体化出行需求，在每个出行个体上报出行需求的基础上，将需求按类别划分，结合交通网络公交、轨道、汽车、自行车等不同资源的实际供给，将每个出行个体按照一定的时间、空间、交通方式以一站式的模式分配到交通网络中，即研究编制出行超级时刻表的具体算法，结合网联车、自动驾驶汽车的应用，为有序、高效的统一交通组织、与资源高效配置、网络效率最优化提供支撑。

4）网络供需匹配快速求解算法

除了通过编制超级时刻表实现对交通网络中每个出行个体的网络供需匹配，还需要研发快速求解方法。因为面向未来出行，个性化出行需求的提出与响应是海量、实时的，进而对超级时刻表的求解过程也应该是动态、实时的，这对复杂算法的求解提出了较高的要求。

5）实时数据预测算法

除对实时数据的快速响应外，还需要研发智能训练算法对实时数据进行短时预测，以便为异常预警、提前预案提供支撑。同样，对算法的快速计算与实时性提出了较高要求。

6）城市、土地、交通长期协同预测算法

城市、土地、交通长期协同预测算法与多规合一协同模型，是交通与城市互动协同中枢的核心。在多规合一协同模型的基础上，需要研发城市、土地、交通等多层网络协同计算方法，以实现多层网络系统的最优化。

7）拟输出结果

基于现状供给调优、需求分配算法研发，形成需求响应式动态运输网络生成算法与可快速求解的网络供需快速匹配算法，以实现交通流系统调控中枢构建，同时形成交通全网一站式出行超级时刻表，也是实现预约一站式运输调度中枢的核心，直接支撑基于预约的全网运行调度与一体化出行调度的实现。另外，在预测层面，将实现短时间的特征预测，以及城市、交通、土地等的长期协同匹配算法，支撑交通与城市互动协同中枢的构建，支撑交通系统顶层规划与设计的实现。

5.3.5 建设分期

超级计算体系的建设主要由交通领域、大数据领域、智能算法领域等多学科、多领域的研究机构、高校及企业研发部门共同协作完成。实现超级计算体系功能的核心在于交通、大数据、智能算法等各学科研究者的共同协作，将各学科前沿技术交叉融合，最终取得突破。

1. 初级大脑阶段（5 年左右）

该阶段具备融合与挖掘能力，重点是突破信息提取与融合层、交通特征挖掘层算法的研究。

信息提取与融合层：能够实现多源数据深度融合与多源数据的交叉验证，实现交通信息的精准提取。

交通特征挖掘层：能够实现对交通出行需求的提取算法，实现供需匹配识别算法、交通问题诊断算法，实现交通特征综合分析诊断。

交通网络建模与仿真层：开展大规模交通网络设计研究，完善宏观、中观、微观各层次交通模型的构建。

供需适配调度层：深入挖掘人工智能算法在交通领域的深入应用方法，能够将历史交通数据进行学习与训练，并加强学习算法的深度。同时，研究构建超级时刻表的基本理论体系。

2. 中级大脑阶段（10～15年）

该阶段具备模拟仿真与协同互联的能力，重点突破交通网络建模与仿真层的算法。

信息提取与融合层：能够实现基于出行个体全过程出行链路数据的信息融合。

交通特征挖掘层：能够完成构建交通方案历史特征库，形成完备的交通知识储备。

交通网络建模与仿真层：实现对大规模交通网络的设计与状态估计，能够实现一定程度的网络预测。实现对宏观、中观、微观交通模型的协同建模与互联互通，构建城市网络与交通网络、土地网络的融合模型。

供需适配调度层：能够实现基于数据智能学习的基础设施自适应调整算法，实现基于数据的短时预测算法与城市、土地、交通协同长期预测算法。

3. 超级大脑阶段（20～30年）

该阶段具备实时反馈与全网调度能力，重点攻关与突破供需适配调度层算法，实现算法计算与求解的实时性。

信息提取与融合层：提高数据融合算法精度与计算效率，实现对实时数据的融合校验。

交通特征挖掘层：完善历史交通方案特征库，实现对实时数据的需求提取与供需匹配计算。

交通网络建模与仿真层：完成构建数字平行交通系统，实现对实时交通网络的模拟、再现与预测。

供需适配调度层：能够基于实时数据实现交通基础设施的自适应调配计算，实现未来交通状态的实时预测。完成构建交通出行超级时刻表，并能基于实时出行需求快速计算求解。

5.4 解决方案层：精准交通治理与一体化出行服务

5.4.1 在城市交通大脑中的定位

精准的交通管控、治理与出行服务是城市交通大脑直接面向用户提供解决方案的应用部分，也是直接检验城市交通大脑运行效果的“行动层”。城市交通大脑在该层次实现大脑的终极目标：精细化、精准的交通管控与治理策略，以及人性化、个性化、一体化的出行服务。

强大触觉体系的建立、能力平台的建设及交通网络超级计算体系的构建都是交通管控、治理与出行服务（见图 5.23）的基础，为其实现提供不同层面的支撑。触觉体系的构建为交通管控、治理与出行服务体系提供数据资源基础和支撑，同时通过交通治理与出行服务的实施进行数据的采集与回传，对触觉体系的数据源进行持续更新。能力平台的构建为交通管控、治理与服务体系提供存储与计算能力支撑，而交通管控、治理与出行服务体系对能力平台建设提出需求。超级计算体系的核心算法直接支撑交通管控、治理与出行服务体系的顺利运行、实施，同时交通管控、治理与出行服务体系对超级计算体系提出计算需求，并持续为交通历史特征库提供储备。

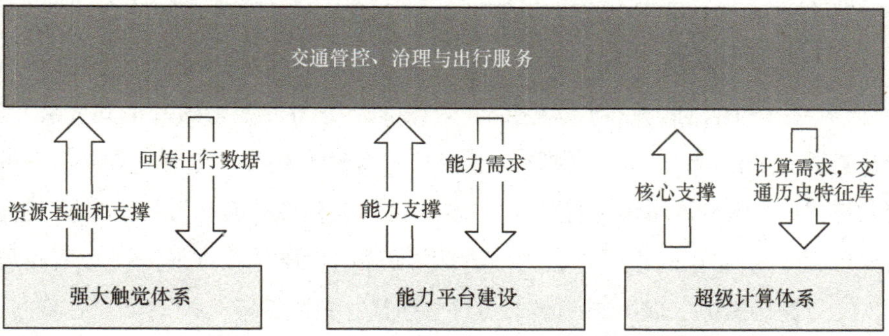

图 5.23　交通管控、治理与出行服务体系与其他核心业务的关系

5.4.2　现状分析

城市交通大脑解决方案面向的用户既包括交通管理者，也包括出行者。从现状来看，交通管控、治理与出行服务的现状特征如下。

1. 交通治理

不同城市针对各自特征，分别从优供、控需、强治等层面实施了尾号限行、智能信号控制、公交专用道、慢行街区建设、停车治理、综合交通指数发布等措施与工作，较好地缓解了大城市的“交通病”问题，对交通拥堵、公共交通服务水平低、停车乱等问题起到了很好的缓解效果，但同时也面临提升出行者“幸福感、获得感”，着力提升出行者的出行体验的新要求。

现阶段交通治理政策仍从普适性的角度出发，精细化、个性化治理程度还需进一步提升；此外，现阶段交通治理系统性不足，尚需要提升治理策略的综合性、全局性视角。另外，从交通顶层规划来看，由于交通规划受制于城市规划、土地规划的现象仍旧存在，所以很多交通问题因先天规划不足而无法解决。

2. 交通管理与控制（管控）

经过多年的积累及对新技术的融合应用，交通管理取得了突破性发展，主要体现在对人（驾驶员、过街行人）的管理、对车（行车、停车）的管理、对道路（标志标线、路权管理）的管理、交通控制及交通执法等方面。对驾驶员的管理探索了驾驶员状态自动识别和驾驶辅助等新技术，对行人的管理则主要体现在智能行人信号控制方面；对行车的管理包括车速管理、车辆诱导实现道路分流、车道管理和禁行管理等；对停车的管理主要依靠智能停车技术，包括停车场车牌识别、移动支付停车费、智能停车系统等；对道路的管理包括对标志标线的持续完善和优化、车道管理、自适应路权管理、潮汐车道等；交通执法主要依靠高清视频监测，实现高效的非现场执法等。

在交通控制方面，也在持续探索着更优的控制策略[29]，从 20 世纪 70 年代的手动控制到 80 年代的 SCOOT 系统、SCATS 系统的引进开通；从最初单交叉口的控制（点控）到 2000 年后干道交叉口的协调控制（线控）、区域交通协同控制（面控）的发展；2010 年之后，随着互联网企业的介入、“互联网+信号控制”理念的发展及交通大数据资源的丰富，我国开始探索信号灯的全面联网联控技术，以及与视频监控或浮动车相结合的实时自适应控制技术，阿里巴巴、百度等企业主要攻关“给信号灯装上眼睛”，将高清视频监控与信号控制协同联动，优化控制策略，取得了明显的进展。但是，交通管控与控制仍面临着瓶颈和挑战。

一方面，信号控制系统联网联控能力虽取得了一定进步，但仍不能满足现实需要，多为单点控制，线控、面控实施率低；信号系统、监控系统等不同交通子系统之间协同、联动性仍处于较低水平，使道路的出行效率无法得到进一步提升。

另一方面，现阶段交通基础设施资源分配对实时交通流的适应性差，潮汐车道、可变车道等管理策略主要依靠人工手段进行调整，缺乏自适应能力，需要基于人工智能手段进一步增强交通供给资源的适配性。

当前交通管理依然面临两大挑战：一是交通矛盾更加尖锐，城市交通拥堵成为常态，交通问题成为城市发展的瓶颈；二是复杂程度大幅提升，网约车、电动自行车、共享单车等新交通模式不断涌现，私家车快速增长，地面公交客运量不升反降等交织出现，管理难度急剧增加。在这种形势下，我国各城市均在积极探索更加高效的交通管理与控制手段，紧抓新技术发展的机遇，希望在传统的交通管控手段上取得突破和提升。

3. 出行服务

党的十九大提出建设交通强国，中共中央、国务院印发的《交通强国建设纲要》中明确提出让“人民享有美好交通服务”，由此，“以人为本”的出行理念，以及人性化、品质化、一体化的出行服务供给理念被大力贯彻和推广。

不同城市都各自出台了一系列提高居民出行体验的措施，包括公交线网优化、自行车专用道建设等。随着“互联网+交通”的蓬勃发展，高德地图、腾讯地图等以提供出行服务为主营业务的互联网企业逐渐增多，网约车、共享出行、出行导航、出行信息服务等便利的交通出行服务方式逐渐丰富和完善。借鉴国外 Whim（芬兰）、Tuup（芬兰）、Moovel（美国）、UbiGo（瑞典）、WienMobil Lab（奥地利）等发展较早的一体化出行服务（MaaS）平台，北京、深圳等城市也陆续发布了城市一体化出行服务平台，整合了公交、地铁、市郊铁路、步行、骑行、网约车等全品类的交通出行服务信息提供给出行者。此外，地铁预约、定制公交、过桥预约等预约出行服务模式展现雏形，为出行者提供了便利的出行服务，以节省出行时间成本、提升出行体验。

但是，“以人为本”和“品质化、人性化”出行服务理念仍处于发展的起步阶段，交通基础设施资源、数据资源、服务资源等都尚未整合完全，仍存在许多问题。

一方面，居民公共交通一体化服务水平仍不高，目前的一体化服务平台仅停留在综合出行信息的提供上，还没有进行设施资源、运输服务资源及支付的整合，居民出行仍旧是片段化和站点式的模式。

另一方面，预约出行服务模式尚处于发展阶段，预约调度算法还有很大的优化空间，预约出行覆盖的出行范围仍是局部、特定种类的，尚未大范围推广，出行者的认可度、参与度也有待提升。

5.4.3　架构设计

城市交通大脑的解决方案层包含精细化交通管控、精准交通治理、一体化出行服务体系这三个主要部分，这也是交通管控、治理与一体化出行服务架构设计（见图 5.24）的构成核心。其中，一体化出行服务体系的实现需要完成服务资源整合、运营/服务模式制定、政府规则与政策制定、预约一体化出行过程这四项核心工作。服务资源整合既是实现一体化出行的核心，也是难点。如何整合不同交通方式的运营资源决定了一体化出行的成败。

1. 精细化交通管控

通过城市交通大脑建设，在数据资源汇聚、能力平台建设、超级算法计算的基础上，实现基础设施自适应调配，应急自适应处置，控制子系统互联互通与全局调优，人、车、路精准交通管控，以及数字平行交通系统管控子系统的建设。

2. 精准交通治理

面向未来，实现综合交通治理全局优化，城市与交通协同规划，交通行业智慧化统筹整合，人、车、路精准治理，数字平行交通系统治理子系统的建设。

3. 一体化出行服务体系

一体化出行服务体系建设涵盖服务资源整合、运营/服务模式制定、政府规则与政策制定，以及预约一体化出行过程实现四项核心工作。

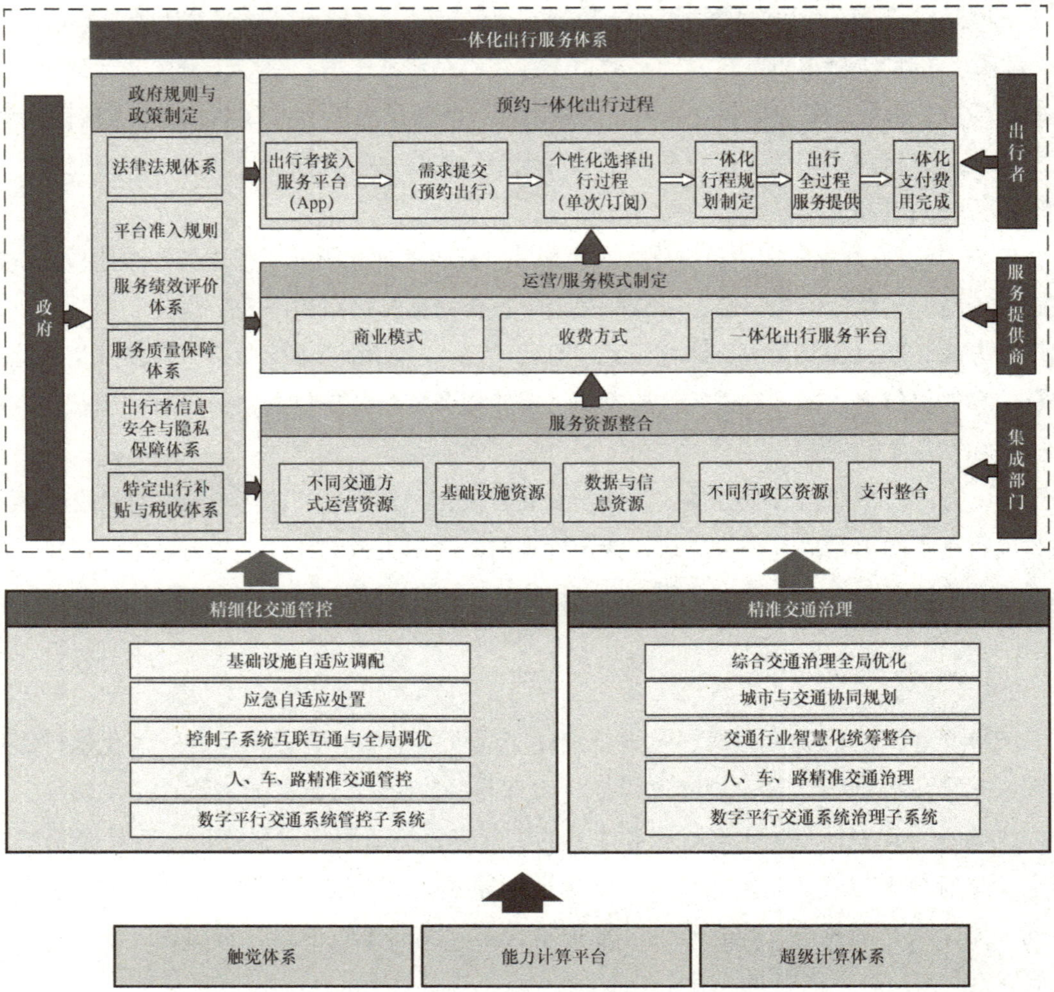

图 5.24　交通管控、治理与一体化出行服务架构设计

（1）服务资源整合：包含基础设施资源整合、数据与信息资源整合、不同交通方式运营资源整合、不同行政区资源整合等，主要由行业集成部门完成。

（2）运营/服务模式制定：需要考虑商业模式的制定、收费方式的选择、一体化出行服务平台的建设等，主要由出行服务提供商完成。

（3）政府规则与政策制定：包含法律法规体系、平台准入规则、服务绩效评价体系、服务质量保障体系、出行者信息安全与隐私保障体系，以及特定出行补贴与税收体系等的制定，主要由政府完成。

（4）预约一体化出行过程是出行者的出行体验过程，从出行者接入服务平台（App）→需求提交（预约出行）→个性化选择出行过程（单次/订阅）→一体化行程规划制定→出行全过程服务提供→一体化支付费用完成一次出行体验。

5.4.4 详细设计

1. 精细化交通管控

基于城市交通大脑建设，提升交通运行安全与秩序，搭建智能控制、诱导、警力部署的超级管控系统，实时把握道路交通流运行状况，实现交通流自动识别与自组织；基于智能信控系统实现城市交通微控闭环，从多源数据出发，全局智能算法对全城大规模信号灯的精细化控制；基于路权智能化自动调配系统实现城市拥堵车道自动扩容，将路权实时调配给高需求拥堵路段；全面提升交管部门交通管理、控制智能化水平。

1）基础设施自适应调配

道路等基础设施的资源分配不应是固定和一成不变的，城市交通大脑的建设需要实现对基础设施的自主调整，如基于时变的交通流分布、实现道路路权的自适应调配等。基础设施自适应调配能力的实现，一方面需要依赖视频等道路检测设备实时的交通信息采集，另一方面也需要依赖人工智能算法的快速计算，针对当前交通流分布特征及预估的未来短时间内的出行需求，在考虑全局最优的基础上，计算基础设施优化调配方案，通过数据采集系统、算法超级计算系统及基础设施设备的协同与联动，实现局部交通网络的优化供需适配。

以潮汐车道为例，潮汐交通组织通过交通流分析，发现道路在不同的时间的不同行车方向上交通量分布情况差异过大，同时道路资源符合潮汐交通组织基本条件。可针对这一情况提出潮汐可变方向的交通组织方案，并对当前方案进行预评估，预评估内容包括重交通方向在使用变向车道后，通行能力得到提高；轻交通方向在去掉变向车道后，剩余的通行能力应满足其交通量的需求。

2）应急自适应处置

现阶段从接警到出警再到事件处理一系列流程虽已尽可能优化地提高响应速度，但过程复杂，持续时间较长，每年也因此带来大量的交通损失。遇到交通事故、道路塌方等突发事件或紧急情况，进行快速、精准的响应和处理一方面能够最大限度地保障出行者的交通安全，另一方面也能够快速地恢复道路正常秩序，降低事故、事件带来的损失。城市交通大脑建设需要实现事故、事件处置的自动化、快速化。通过道路上的视频等信息检测装置，实现 360° 还原事件发生的过程，通过智能 AI 算法快速进行事故、事件的责任鉴定与处置方案制定，通过智能终端下达给事件相关人员后令其快速撤离现场，恢复道路通行。

3）控制子系统互联互通与全局调优

独立的信号控制往往难以实现通行效率的最优化，通过城市交通大脑建设，未来将实现信号控制系统的联动与协同。一方面，实现全市信号系统联网联控，实现大规模的信号面控，从网络全局角度进行信号灯优化；另一方面，还需要实现信号控制系统与视频、浮动车、卡口等道路信息采集系统，与救护车、警车等优先车辆系统，与道路诱导设施系统等各个控制子系统的挂接与互通，实现系统间的协同与联动控制。在此基础上，构建交通控制宏观、中观、微观融合仿真模型，结合基于实时交通流数据的信号配时优化算法、道路配流方案实时调优策略，实现控制策略优化调整，以及道路诱导方案优化调整，基于此才能够实现全局最优化的系统控制策略。

此外，信号配时调配策略也将反馈给超算体系，进行城市交通大脑对信号与配流优化算法的学习，对超算算法进行迭代更新。

4）人、车、路精准交通管控

现阶段对道路上交通流的管理与控制策略是普适性、大众化的，城市交通大脑将实现对人、车、路个性化的精准管控。根据道路、交叉口特点，对每条道路、每个交叉口实行不同的控制方案，对道路上运行的每辆车实行个性化的出行诱导措施，以实现出行效率的最大化。

5）数字平行交通系统交通管控子系统

交通管控层面，需要构建城市交通大脑数字平行交通系统交通管控子系统，实现对道路实时交通流状态、全网信号控制系统、车辆诱导系统等系统的全模拟，这种模拟是以微观交通流仿真与中观区域仿真为主，宏观、中观、微观相结合与相协同的，并能够基于实时交通运行数据进行网络控制与诱导系统的实时调优；对于突发事件与异常事件，能够通过网络模拟快速制定应急处置方案，快速恢复交通运行。

2. 精准交通治理

建设城市交通大脑，需要围绕“优供”“控需”“强治”的交通综合治理思路进一步推动智能化技术手段与交通业务的深度融合，有效提升交通运输整体运行效率，平衡调节交通系统供需关系，着力增强智慧交通治理能力。

1）综合交通治理全局优化

区域局部的交通治理往往难以从根本上解决交通病症，往往出现交通问题“此消彼长”的局面，并且，一个区域的交通问题也往往并不仅是由区域自身原因导致的。城市交通大脑将利用智慧化手段，以交通系统网络最优化为目标进行全局系统综合治理。例如，对于某个典型区域的交通治理工作需要基于数字平行交通系统，找到区域病症的根本原因，通过全网络的模拟与测试提出最优治理策略。

2）城市与交通协同规划

城市交通问题产生的根本原因很多是规划先天不足导致的，这些问题在后期的交通治理中往往无法从根本上改善。因此，需要改变交通规划受制于城市规划、土地利用规划的困局，让交通成为城市与土地规划中的重要制约因素，也让城市与土地成为交通规划的重要基础，实现城市与交通的协同规划、共同发展。如何更好地协调交通与城市中的其他要素是一个博弈问题，需要结合对城市网络、交通网络的预测，基于完善的城市最优化协同算法来制定最优的协同规划策略。

3）交通行业智慧化统筹整合

对于交通各个行业，一方面需要实现各个行业自身交通供给的优化，让公交准时可靠，让地铁体验舒适，让出租便捷优质，实现枢纽协同高效；另一方面，协调与统筹交通运行各个行业，包括公交、轨道、出租车、小汽车、停车、自行车、货运、客运等，让各个行业能够协同与联动，才能保障城市交通大脑一体化出行服务的实施。

4）人、车、路精准治理

现阶段的交通治理策略是普适性、大众化的，城市交通大脑将针对不同人、车、路的属性实现对人、车、路精细化治理。例如，对于每辆车的不同出行特征与用户属性实行差异化停车收费，对每个出行者的出行偏好制定差异化的出行费用，实现对绿色出行偏好者的出行补贴，对私人机动化出行偏好者的加强税收，等等。

5）数字平行交通系统治理子系统

在交通治理层面，需要构建城市交通大脑数字平行交通系统交通治理子系统，实现对道路、区域，以及全市域的土地利用、交通运行状态、道路流量等进行模拟，这种模拟一定是以宏观、中观为主，宏观、中观、微观仿真相结合与相协同的，并能够基于实时交通运行数据提出各种交通方式、不同区域、不同道路的交通治理策略，实现全局综合交通治理。

3. 一体化出行服务体系

在共享交通模式和智能信息技术的基础之上，城市出现了全新的交通理念——一体化出行服务（MaaS）。一体化出行服务是城市交通大脑希望达到的终极目标，这不仅仅是愿景，也是随着经济及社会进步、人们出行模式转变而衍生的实际需求。一体化出行服务的出发点依然是以人为本，是在深刻理解出行需求的基础上，将各种交通方式的出行服务进行整合，实现规划、预订、支付、信息服务、评价、出行偏好定制等业务链条的一体化，精准满足出行者需求的交通出行服务生态体系。出行者把出行视为一种服务，不再需要购买交通工具，而是依据出行需求购买由不同运营商提供的出行服务。一体化出行服务的关键宗旨是基于用户的出行需求提供相应的方案，核心是社会各界的动态协作共同实现最终的供需匹配与平衡。

在终极模式的一体化出行中，出行者对于出行需求的提出一定是通过预约模式实现的，交通系统通过对收集的出行需求进行整合、平衡与分配实现交通网络的效率最优化，也同时提高出行者的出行体验，避免在路上不必要的拥堵和等待。

实现一体化出行服务，需要整合交通系统的服务资源，制定可行、高效的运输组织方案，制定必要的规则与保障措施，才能最终实现出行者的便捷、一体化出行服务。

1）服务资源整合

实现一体化出行服务的核心是对出行服务资源的整合，包括对不同出行方式基础设施资源的整合、对数据及信息资源的整合及运营的整合，打破行政区划界限和行业壁垒，构建不同出行方式之间的协同与一体化运营模式，实现对整个城市能提供的所有交通出行资源的整合与重构，进而重新定义和构建新型城市交通系统。

对交通资源的整合是一体化出行服务实现过程中最复杂且最难的部分，需要政府、交通运营商、行业龙头企业共同合作成立交通行业集成部门完成对各行业的整合。

（1）不同交通方式运营资源整合。

一体化出行服务过程中可供选择的出行方式涵盖公共交通（包含轨道交通、地面公交、飞机、轮船、共享自行车、定制公交等，以及由共享资源带来的新纳入公共交通领域的其他可能的交通资源）出行，以及私家车交通出行。对于各种交通方式的运营资源，第一阶段实现对公共交通资源（包含地面公交与轨道交通）的整合，实现公交与轨道的协同运营；第二阶段实现对自行车、大巴、长途客运、铁路、民航等固定线路公共出行方式的整合，涵盖城际出行资源；第三阶段实现对出租车资源的整合，实现灵活、可变线路的出行整合；第四阶段实现对私家车与停车资源的整合，涵盖城市及城际间的所有出行模式；第五阶段，随着网联化自动驾驶车辆的普及，不同出行方式的界限逐渐模糊，出行者将不再购买交通工具的所有权，转而根据不同交通工具提供的差别化服务品质购买时空占用权，实现最终模式的交通出行整合。

对不同方式交通运营资源的整合（见图 5.25）不仅包括不同出行方式的协同调度，还包括不同行业之间支付的整合，同时实现对一体化出行过程中所收取费用按照出行过程进行分配与拆分。

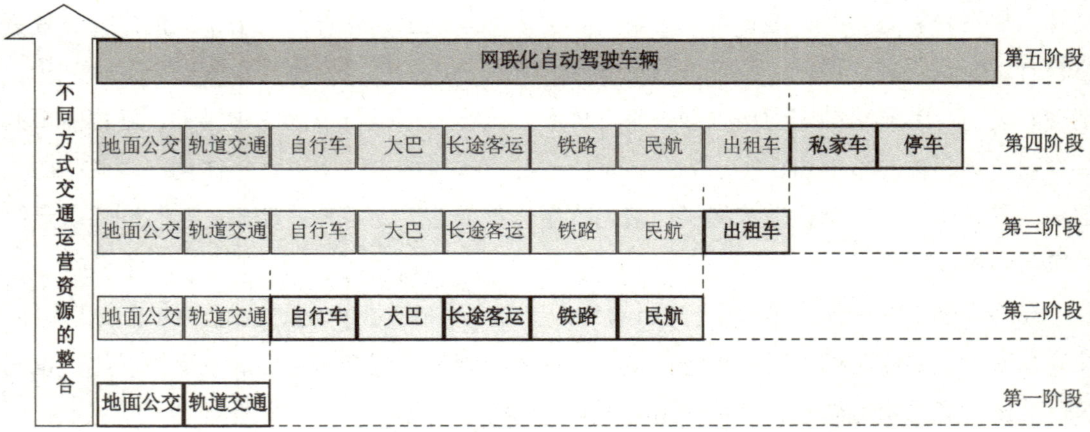

图 5.25　不同方式交通运营资源的整合

（2）基础设施资源整合。

将不同部门的交通基础设施资源进行信息整合，并实现统一调度与使用，包括不同出行方式的运行网络整合、配套设施整合等，构建支撑多样化出行需求的多层次交通出行基础设施网络。

（3）数据与信息资源整合。

实现交通不同行业的整合还体现在行业间数据与信息的交互、共享。一方面，基于城市交通大脑强大触觉体系的全景数据资源汇聚整合行业数据；另一方面，能够将不同出行方式的信息进行融合与综合发布，为出行者提供一体化出行信息服务。

2）运营/服务模式制定

运营/服务模式制定包含一体化出行服务的商业模式的制定、收费方式的选择，以及一体化出行服务平台的开发等，是一体化出行服务的技术支撑，由一体化出行服务的提供商完成。

（1）商业模式的制定。

一体化出行服务模式的最终实现涉及多方主体：一是交通运营商，包含公交公司、出租车公司、互联网公司等不同交通方式的运营主体；二是出行服务提供商，即提供统一整合后的交通运输资源，为乘客提供预约交通服务的企业；三是政府；四是一体化出行服务用户，即出行服务的购买者。面向于未来一体化出行服务的实施，需要恰当选择商业模式，包括对运营主体的选择，以及运营主体与其他相关方的合作模式选择等。

（2）收费方式的选择。

用户通过在一体化出行服务平台注册账户来获取运输服务，通过整合各类交通运输模式，让用户只需要一次点击就可以选取全流程交通服务，并且通过一个账户即可支付这些服务，一体化出行服务平台后台自动将费用支付给不同的运输服务提供者。在此过程中需要考虑以下方面的实施。

① 费用制定，一体化出行过程费用的制定需要考虑以税收与补贴的形式实现对绿色出行方式的激励及对私人交通出行方式的外部惩罚，进而实现对绿色出行方式的倡导。

② 智能售票，设计包含用户支付费用的服务入口、支付模式、费用比选与查询等功能，给出行者提供综合信息的便捷化付费体验。

③ 实现一键支付，对于选定的出行服务，出行者可以一键进行全程出行费用的支付，设计包含单次支付与周期性定制化的出行套餐等不同支付模式，给出行者多样化的出行体验。

④ 分账，出行者出行结束并完成支付后，实现票款分账和自动支付各交通运营商的费用。

（3）一体化出行服务平台的开发。

为实现一体化出行，需要开发一个处理能力极强的交通运输供需交互平台，支撑一体化出行服务全流程资源的协调与调度。该平台既需要管理众多的交通供给者、均衡资源配置、协调运营效率、划分收入结算，也需要掌握全方位用户数据，包括个性化的需求、偏好、出行计划等，并且与用户保持实时的交互与信息传递，同时还需要进行高速实时的交通供给规划与交通需求响应，进行资源供给和出行需求的高效匹配，以社会效益最优为目标不断进行优化计算。因此，一体化出行服务平台应该是一个处理效率极高的平台，能够实现出行者与交通资源供应者之间的交互，实现一体化出行服务的全方位功能，对于用户端来说，是智能手机 App；对于运营者来说，是强大的后台处理系统。

一体化出行服务平台将构建在大规模交通网络调度算法与能力计算平台的支撑之上，是城市交通大脑直接面向于出行者的应用平台。

3）预约一体化出行过程

一体化出行要求构建一种门到门全过程无缝衔接的出行新模式，使出行者自由灵活地选择最适合他们的出行方式，并能根据出行者画像结合历史数据生成偏好方案，并且只需要支付一次，其核心特征为出行者需求、服务捆绑、交通方式、服务提供商之间的协作和互联。从出行者角度来说，一体化出行服务可分为三个部分（见图 5.26）：出行前、出行中

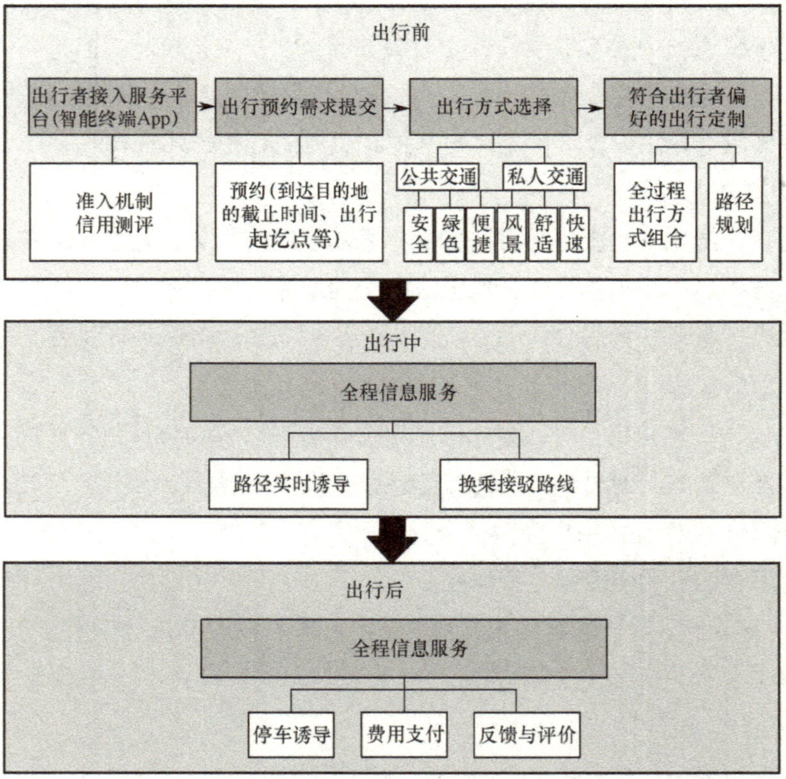

图 5.26　一体化出行服务流程

和出行后的交通服务，包括出行方式选择、路径规划、路径实时诱导、换乘接驳路线、停车诱导，以及费用支付等全流程的服务。

（1）出行前。

① 出行者通过智能终端 App 接入一体化出行服务平台。在接入过程中，需要接受准入机制和信用评价系统的测评。

② 出行者根据自身出行的需要，在平台提交出行预约需求，包括出行起讫点、到达目的地的截止时间、出行方式偏好等。以预约的方式提出出行需求可以让系统进行全网出行时刻表的定制，进行交通流在时间、空间上的最优化分配。

③ 平台将提供符合出行者需求的所有可能出行方式，以及相应出行方式的费用，出行者可以根据自身偏好对出行方式进行选择。一体化出行服务的吸引力在于其提供给出行者的自由和多样性，为出行者提供最有价值的解决方案，以满足他们的基本需求，并解决出行过程中的一些不适，如拥堵、危险等。最有价值的解决方案不限于最快或性价比最高的，还可能是最安全、最健康、最环保、风景最美或提供最好的出行途中的工作条件等。

④ 出行者根据选择的出行方式和出行时间进行出行定制，包括出发时间、出行拟定路径、换乘方案等。

（2）出行中。

在出行过程中，平台持续提供全程信息服务，包括路径实时诱导及换乘接驳路线等，并能够根据出行者出行过程中遇到的问题及时提供解决方案。

（3）出行后。

出行结束后，对于私家车出行，平台提供停车诱导方案；最后一键支付全过程各出行方式费用；同时对出行过程进行反馈与评价。

4）政府规则与政策制定

为保障一体化出行服务体系的实施，需要制定相应的运转规则及具有约束作用的政策与保障措施，保障系统基本功能的实现，保障各方参与者之间交互的顺利展开，保障系统目标的实现，而政府规则和政策制定主要由政府部门来完成。一体化出行服务保障政策涉及交通、信息、互联网、云计算、社会学等多学科领域，具有高度的综合性和社会性。在政策制定过程中，可以尽可能与既有政策体系相融合，拓展有利于推广一体化出行服务的政策体系；对于事前评估及实施过程中遇到的问题，需要坚持创新发展的思路和包容性原则，为一体化出行服务的发展提供生存空间。政府规则与政策包含法律法规体系、平台准入规则、服务绩效评价体系、服务质量保障体系、出行者信息安全与隐私保障体系、特定出行补贴与税收体系等方面。

（1）法律法规体系。

一体化出行服务体系刚刚兴起，目前我国尚无特定的法律法规体系。随着一体化出行服务体系的完善和落地应用，需要逐步完善相关的法律法规，自上而下地设立综合交通运输服务法律法规、政策标准；针对宏观问题有一般性规定，针对具体问题则有特殊性规定；同时也要考虑因地制宜和地方特色出行服务；以将强制性规定与指导性意见相结合的方式，促进一体化出行服务体系发挥更优的性能。对一体化出行服务涉及的各相关利益主体进行合理、有效的约束，保证一体化出行服务体系目标的一致性、可持续性。

（2）平台准入规则。

一体化出行服务体系综合了不同种类的交通运输服务，会吸引各种运输服务的不同交通服务供应商，但各交通服务供应商的服务供给水平存在“良莠不齐”的现象，因此需要设置合理的系统准入机制，以保证接入有利于系统效益的交通服务，保证各交通服务供应商之间互为补充、协同合作，保证一体化出行服务体系的健康发展。准入机制具体包括以下三个方面。

① 各运营商的服务水平：服务水平高低是对接入的交通服务供应商最根本的考查标准，只有达到一体化出行服务平台整体服务水平的运营商才能够准许进入。

② 数量控制：一方面为了保持内部性能最优的状态，另一方面也要考虑“社会效益”提升目标，需要对系统的各个组成部分进行有效的配额管理。

③ 交通工具管理：各类交通运输服务的交通运输工具需要实施统一风格的外观设计，体现平台的一体化和整体性，方便出行者在一体化出行服务内的任意切换。

（3）服务绩效评价体系。

绩效评价措施对于系统的内部效益与社会效益的提升都是十分必要的，因而需要制定相应的一体化出行服务绩效评价体系，定期对系统进行评分与评价，以监督系统向社会效益最优化的方向持续发展。评价指标至少包含以下内容：在绿色与安全方面，如绿色出行率、碳排放水平、能源节约水平、安全水平的提高等；在出行效率方面，如交通系统出行效率的提升与出行成本的降低等；在效益与收益方面，如出行者、运营商等效益的提升等。

（4）服务质量保障体系。

一体化出行服务体系的整体服务质量，一方面取决于各个组成部分的服务质量，需要规范各个交通运输服务供应商；另一方面取决于系统的整合能力与整体服务质量。对各个交通服务提供商的规范可设计相应“服务水平”指标，考核各类交通运输工具的运营情况，包括公交车日载客量、出租车空驶里程、单车日周转率等，并以此为依据调整企业收入分配、税收补贴、市场份额等。对于系统本身同样需要服务质量的评价，可基于运营部门的服务数据开展，包括出行链流畅度、交通方式衔接方便程度、调度能力、出行者意见反馈等内容。

（5）出行者信息安全与隐私保障体系。

由于一体化出行服务体系运行依赖不同类型、不同所有者的数据采集、共享与开放，因而需要保证各类数据和出行者隐私在整个生命周期的安全性，保证各方的信息安全。基于此，需要建立诚信体系和数据安全保障体系，明确界定隐私范围，在规范的数据使用方法下保证不泄露用户信息，维护出行用户、交通服务供应商、政府以及其他参与者的隐私与信息安全。

此外，一体化出行服务体系有责任保障用户在整个出行链中的出行人身安全。因此，需要在各个出行链中明确安全责任归属，充分重视交通运输安全生产服务。系统中可以考虑引入保险企业，对一体化出行服务体系的不同服务进行特殊险种设计，为用户和交通运输服务供应商提供保障。

（6）特定出行补贴与税收体系。

一体化出行服务体系目标是实现“社会效益最大化”，但一体化出行服务是公共部门和市场企业的联合体，需要兼顾企业的利益，因此需要制定相应的财政补贴政策，促进原本经营目标不同的各方协同工作，实现系统目标。

在出行补贴上，一方面，需要明确补贴范围，一体化出行服务体系组成复杂，需要仔细区分政策性亏损与经营性亏损；另一方面，各运输企业要在满足“社会服务”目标的前提下，结合自身发展设计合理的投资回报率；此外，将一般性与特殊性结合，既要设定补贴基准，帮助各交通运输服务供应商实现合理的投资回报率，又要考虑到不同出行服务的特殊性而有所侧重，如加大公共交通出行补贴力度，促使公众出行向集约化、绿色出行方式转移；同时，要兼顾效率与公平，在维持公平性原则基础上，适当增加核心部门补贴力度，以促进一体化出行服务体系发展。

在税收方面同样需要进行相关政策的制定，包括在一体化出行服务体系运营初期，对“社会效益”贡献突出的部分实施税收减免政策；考虑面向小汽车使用者实施“公共交通专项税收”，促进小汽车出行向公共交通出行转移的课税转移政策；在一体化出行服务的不同发展阶段，根据资源配置和收益率的增加，动态调整税收标准等。

5.4.5　建设分期

一体化出行服务平台的建设与落地是多方共同参与的结果，既包括对多方式出行服务的集成部门、对一体化出行服务进行运营的服务提供商、制定相关规则与保障措施的政府部门、体验一体化出行过程的出行者等核心相关方，也包括后端技术服务商、支付与身份认证服务商、出行配套服务商、保险服务提供商等支撑相关方。集成部门往往由政府行业主管部门、行业龙头企业共同组成；服务提供商往往由行业或互联网运营商，以及科研机构或部门构成。

建设与运营一体化出行服务体系对相关运营主体的运营管理机制和模式提出了很高的要求，既需要政府、企业、相关部门的通力协作，也需要出行者的积极参与和反馈。

（1）政府部门。政府的职责分为两个部分：一是组织交通运输资源的整合，二是政策法规及保障措施的制定。

① 交通运输资源的整合需要政府与交通行业龙头企业共同完成。对于以企业为主导的发展模式，政府主要负责制定相应的政策法规体系，保障龙头企业资源整合的实现；对于以政府为主导的发展模式，政府与龙头企业签订协议，搭建多方式协同运营平台，进行交通系统资源的协同调度，并建立考核体系对企业进行监督。从我国的实际情况来看，初期主要以政府主导的发展模式为主。

② 面向系统未来发展出台相关标准，制定服务许可、票制票价、财政补贴、信用体系、绿色出行、数据交换、信息安全、隐私保护[30]等相关法律法规约束准则，保障发展方向的机动性、公平性和可持续性，以契合社会需求。

（2）企业。一体化出行服务核心利益相关企业包括两类：一类是交通运营企业，另一类是一体化出行服务运营商。

① 交通运营企业负责提供不同交通方式的服务资源，包括公共汽电车、地铁、自行车、出租车、网约车、汽车租赁、长途客运、铁路、民航、轮渡等，并配合政府与龙头企业完成资源协同。

② 一体化出行服务运营商直接面向出行者提供服务，掌握出行者需求偏好，积极感知市场动态，设计满足出行者需求的出行服务产品，具备对外运营能力，具备实时信息提供和出行规划、支付与票务整合能力等。

（3）研究机构。事业单位、科研院所也应积极参与其中，不断探索一体化出行服务体系下的新技术、新模式与新发展，将理论与实践相结合进行体系发展的科学规划与研究。

（4）出行者。出行者是验证一体化出行服务体系优劣的“检验官”，在整个体系中起到至关重要的作用，整个体系的不断完善与迭代更新依赖于出行者的积极使用，并及时予以反馈，形成一个良性发展链条。

只有政府、企业、研究机构与出行者各方通力合作、共享数据、多方融合，才能推进一体化出行服务体系的全面发展。

一体化出行服务可划分为不同级别（见图 5.27）。

（1）0 级：无整合。各出行方式提供单一、独立的出行服务。这是目前大多数城市所处的出行服务阶段。

（2）1 级：出行信息整合。在同一个平台上整合出行需求起终点之间主要的出行方式，并能够实现不同出行方式时间、价格等的比选，制定合理的出行规划，在出行全过程中可以享受完整的路径导航等综合信息的提供。

（3）2 级：预约支付整合。能够实现对单次出行的搜索、预约、支付等过程，实现对一次出行、多种出行方式的统一支付，并支持不同支付方式，但费用仍是由各交通运营商决定，更类似于服务代理商。

（4）3 级：服务供给整合。能够实现对各种不同运输资源的捆绑服务、统一支付，能够依据出行者时间、价格、喜好等不同画像特征进行出行的比选与定制，给出行者“无缝衔接”的出行体验。

（5）4 级：社会目标整合。实现社会各个层面的整合，如政策、激励机制等，能够通过一体化出行服务平台促进出行方式向集约化与绿色化出行方式的转移，提升整体社会效益。

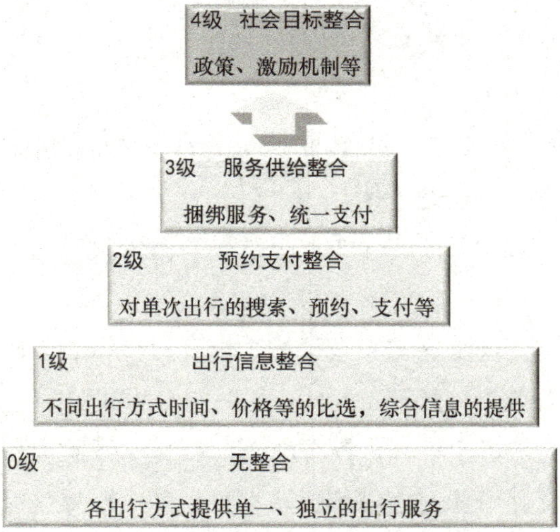

图 5.27　一体化出行服务级别划分

1．初级大脑阶段（5 年左右）

实现 1 级一体化出行服务等级，能够由政府与行业企业及互联网企业完成出行信息整合；能够实现出行需求起终点之间不同出行方式的比选、出行规划，以及全过程路径导航信息的提供。同时，政府完成信息与隐私安全保障政策及法律制定。

2．中级大脑阶段（10～15 年）

实现 2 级一体化出行服务等级，能够实现资源整合。由企业和行业运营部门完成不同交通方式运营资源、基础设施资源、不同行政区资源、支付资源的整合，实现单次出行搜索、预约、支付，由一个支付入口链接多种支付方式。初步完成一体化出行服务平台的开发。

3．超级大脑阶段（20～30 年）

实现 3 级与 4 级一体化出行服务等级，实现服务供给的整合与完善法律法规体系的制定。有成形的商业运作模式与服务供应商，出行者能够体验一体化出行过程，政府出台相关法律法规、准入规则、绩效评价、服务保障、税收与补贴等政策，社会出行效率显著提升。

5.5 城市交通大脑建设初期重点方向

综合考虑近年来大城市交通突出问题，互联网和行业企业、科研院所的技术优势与工作基础，结合初级大脑建设需要开展的技术研发和未来建设超级大脑需要突破的技术难题，城市交通大脑建设当前阶段可以从能力平台、触觉体系、交通计算、交通管控、综合治理、出行服务、综合示范区建设等方面开展研发和示范，经过 3 ~ 5 年的重点研发，基本完成初级大脑的研发工作。

（1）能力平台，重点突破政府企业数据共享技术，并面向未来车联网技术应用需求，在基于 5G 的数据传输方向进行探索研发。

（2）触觉体系，重点攻关基于车、人的全链条数据采集，在三维高精度地图方向进行探索研发。

（3）交通计算，重点面向交通流系统调控中枢、运输组织与调度中枢、城市与交通互动协同中枢，从交通流系统调控计算、运输预约一体化调度计算、城市与交通协同互动计算层面分别突破，初步完成各个计算中枢框架设计和实现路径研发。

（4）交通管控，从道路资源时空精细化调控角度完成智慧化提升，实现车均在途交通延误的降低和交通拥堵瓶颈的减少。

（5）综合治理，有效改善区域出行秩序，提升公共交通出行效率，缓解“停车乱、停车难”问题。

（6）出行服务，重点提升空港、铁路及综合枢纽的调度能力，提升乘客在不同出行方式间的换乘效率，体验协同化出行服务。

（7）综合示范区建设，通过示范区的建设对城市交通大脑技术研发成果进行测试和示范，促进技术落地应用。

城市交通大脑的建设既是技术创新和突破，更需要体制机制的改革和转变，传统的条块分割管理体制需以“任务”为统领对职能进行重新整合，不同政府部门需形成步调一致、统筹协调的工作机制，共同推动城市交通大脑的研发、示范及落地实施。

第 6 章

城市交通大脑建设体系保障

为了保障城市交通大脑建设，并能够在城市中发挥作用，需要突破现有体制机制的制约，一方面需要政府领导，另一方面需要各部门、研究机构与行业企业、互联网企业协同合作，将研究与生产相结合，确保城市交通大脑的建设与落地。

6.1 政府部门协调

城市交通大脑建设的实施是全市范围内各交通行业的整体优化升级，涉及的业务范围广，依托资源量大，需要政府各相关部门与行业内外相关企业合力完成。因此，需要成立政府领导小组，一方面，贯彻落实党中央、国务院及地方政府关于智慧交通的整体方针、政策，协调政府各部门相关业务；另一方面，整合行业内外企业优势资源，解决建设过程中的重大问题。打通城市交通大脑建设过程中的条条经脉，保障城市交通大脑建设的顺利开展和实施。

6.2 企业优势借力

在不断增加国家、政府投入的同时，城市交通大脑系统积极吸引社会各方面力量参与，积极争取金融部门的支持，逐步建立多渠道、多层次、多元化的投融资机制。政府投资带动社会投资，营造多元化投融资体系，建立多层次、多渠道、多形式的投资机制，形成政府引导、企业投入、吸纳民资、外资等多元化的投资格局。

在城市交通大脑建设中，可采用 PPP 合作模式（见图 6.1）或成立合资公司模式（见图 6.2）引入社会资本。

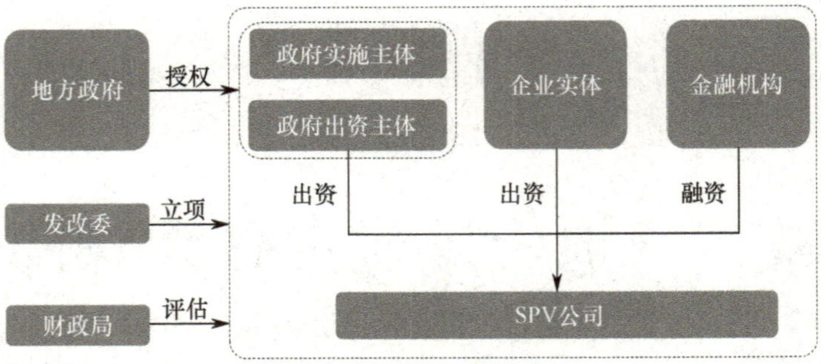

注：SPV（Special Purpose Vehicle，特殊目的实体）。

图 6.1　PPP 合作模式

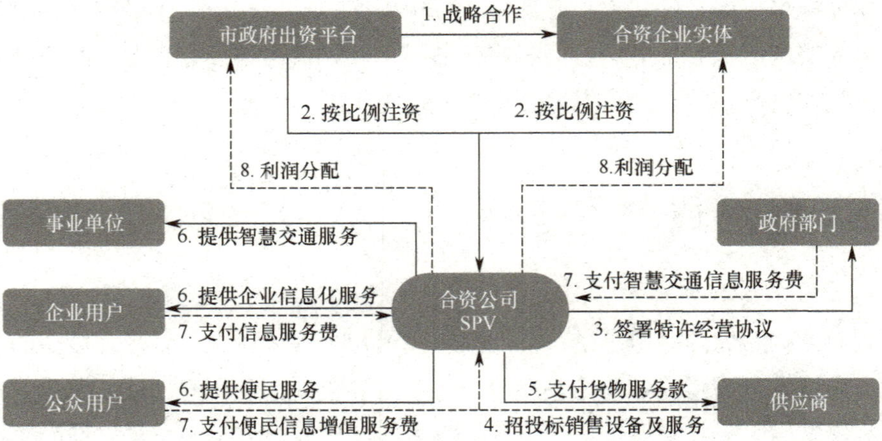

图 6.2　成立合资公司模式

第7章

未来展望

7.1 未来技术趋势

城市交通大脑的概念在互联网技术蓬勃发展的时代背景下孕育而生。它的提出带来新一代交通系统建设的热潮，其建设过程是将创新技术与交通传统行业结合应用的探索过程，在推动智能交通系统进步的同时，也为创新技术提供了应用场景，促进了技术的迭代更新。

从根本上来看，技术进步是城市进化的核心动因，是交通系统进步的根本途径。根据系统的熵增定律，交通系统实现有序、高效的过程是努力实现系统熵减的过程。在这个过程中，技术是最核心的手段，智能化的角色就是从无序中发现有序，并持续推动系统向有序方向发展。这也说明，在未来交通系统建设中，技术进步或智能化将起主导作用，而不仅仅是辅助和支撑作用。智能交通作为创新技术应用的典型场景，新的出行服务模式诞生为技术的实验和测试提供了良好的环境，但交通系统又有其独立性和特殊性，对于创新技术也有着专业化的需求，这就决定了创新要与交通业务场景相融合、相适应，才能建成真正的城市交通大脑。未来交通领域及其相关支撑技术的主要发展趋势如下。

1. 自动化

随着自动驾驶车辆技术及相配套技术的持续完善，未来自动驾驶车辆将全面普及与推广，实现小汽车、公交车、轨道交通的全面自动化运行。同时，自动驾驶车辆运行将与未来交通出行模式相适应，在预约一体化出行中扮演主要角色。

2．网联化

伴随着5G技术的完善，6G、7G等通信模式的到来，未来将是“万物互联”的时代，通信技术将进一步适应交通行业发展需求，基础设施、载运工具、出行个体、大脑中枢将全部实现实时、无感通信，每个终端将既是数据采集端又是计算处理平台，交通网络任意节点的信息将在瞬间传递到系统每个要素，支撑系统的实时调优。

3．电动化

电动化技术将进一步适应交通领域载运工具发展需求，实现电动汽车续航瓶颈的突破，支撑交通领域的电动化转型，实现交通载运工具全面电气化，在碳中和、碳达峰的基础上持续优化资源利用、减少交通排放。

4．一体化

调度算法将持续优化与完善，未来的基础设施调度技术将在资源最优化分配的基础上全面实现一体化衔接，使出行者体验到的出行也将是全过程一体化服务。

7.2 未来发展模式

“平台经济”是在互联网技术蓬勃发展下的产物，其基于数字技术，是由数据驱动、平台支撑、网络协同的经济活动单元所构成的新型经济系统。《国民经济和社会发展第十四个五年规划和2035年远景目标纲要》提出“促进共享经济、平台经济健康发展”。

未来城市交通将整体面向平台经济模式发展，城市交通大脑建设是典型的平台经济发展模式，系统内的资源供给、出行需求、出行交易、结算拆分将全部通过城市交通大脑平台完成。现阶段，网约车平台、停车平台已经初见平台经济形态，但在刚刚兴起的阶段，与平台经济相结合的治理能力、政策法规、监管举措、可持续手段等都尚未完善。未来，在全面平台经济模式下的发展将对交通运输系统相应的经营模式、补贴模式等带来革命性的变化，发展中所面临的线上平台技术、线下出行服务及法律等难题都需要我们提前深入思考并及早应对。

7.3 未来出行理念

在城市交通大脑综合、立体的服务下，未来出行需求将更注重舒适性、品质化、人性化、个性化，居民出行理念也将随着出行服务模式的转变而改变，交通服务将从“点到点的位置移动”转变为“移动并且享受过程”。

在新技术的支持下，交通出行的过程或将演变为除居住空间、工作空间、休闲空间外的“第四空间”[31]，在该空间也将附加工作、会议、休闲等多种属性，让交通出行过程不再是“时间损失”过程，而转变为可以有效利用的“效益产出”过程，彻底转变出行者对交通出行的传统认知，进而交通出行服务的核心也将不再是最大限度地缩短出行时间，而转变为最大限度地提供优质服务与体验。在这种理念下，传统的交通模式、交通观念都将发生颠覆性转变。

未来可期，未来已来，我们正迈着坚实的步伐走在奔向未来交通的道路上。城市交通大脑的建设，进一步缩短了今天与未来的距离，让我们相信明天的城市交通会更美好。

参考文献

[1] 杨冰. 智能运输系统[M]. 北京：中国铁道出版社，2000.

[2] 邬建军. 5G 技术在智能交通中的应用[J]. 电子技术与软件工程，2019（16）：34-35.

[3] 王伟耀. 人工智能技术在智慧交通领域中的应用[J]. 电子技术与软件工程，2018（3）：251.

[4] 赵梓铭，刘芳，蔡志平，等. 边缘计算：平台、应用与挑战[J]. 计算机研究与发展，2018，55（2）：327-337.

[5] 云计算开源产业联盟. 云计算与边缘计算协同九大应用场景 [R/OL].（2019-07）[2020-05-11]. http://www.cbdio.com/BigData/2019-07/10/content_6149282.htm.

[6] 雷方舒，温慧敏，齐智，等. 城市交通大脑的内涵与顶层设计[J]. 交通工程，2019，19（6）：47-52.

[7] 百度智能云. 百度城市大脑白皮书[R/OL].（2020-05-18）[2020-07-11]. http://www.360doc.com/content/20/0527/18/46573964_914893682.shtml.

[8] 中网易网. 海淀“交通大脑”上线 数据赋能让交通运行更聪明[EB/OL].（2020-09-14）[2020-10-15]. https://www.163.com/dy/article/FMC6ORP30511STVK.html.

[9] 赛文交通网. 从“两化”到“交通大脑”|卢东林：宣城智慧交通管理探索之路[EB/OL].（2017-11-27）[2020-11-01]. https://www.sohu.com/a/206856721_389742.

[10] 方纬科技. 宣城又出新模式：方纬交通大脑精准服务个体车辆出行[EB/OL].（2020-03-19）[2020-10-15]. http://www.fundway.net/nd.jsp?id=35.

[11] 广州日报. 为城市交通造“大脑”[EB/OL].（2020-08-12）[2020-11-01]. https://baijiahao.baidu.com/s?id=1674789888230829193&wfr=spider&for=pc.

[12] 信息化观察网. 智能交通的神经末梢——边缘计算[EB/OL].（2016-11-24）[2020-11-01]. https://www.infoobs.com/index.php/article/20220617/54239.html.

[13] 赛文交通网.“边缘计算”在智能交通领域的应用[EB/OL].（2019-07-16）[2020-11-01]. http://www.duozhishidai.com/article-103259-1.html.

[14] 中国科学院深圳先进技术研究院. 高性能计算技术研究中心[EB/OL]. [2020-11-01]. http://hpcc.siat.ac.cn/.

[15] 徐恩虎，凌卫青，王坚，等. 基于云计算的面向智能交通海量信息的高性能计算支撑公共服务框架[J]. 机电产品开发与创新，2013，26（1）：87-89.

[16] 上海海事大学. 智能交通与物流的高性能计算国际研讨会在我校举行[EB/OL]. [2020-11-01]. https://www.shmtu.edu.cn/imagenews/zhi-neng-jiao-tong-yu-wu-liu-de-gao-xing-neng-ji-suan-guo-ji-yan-tao-hui-zai-wo-xiao-ju.

[17] 盖世汽车. ORNL 与 Gridsmart 利用超级计算机实现车辆减排 提升交通管理水平[EB/OL].（2018-10-07）[2020-11-01]. https://auto.gasgoo.com/News/2018/10/070611341134I70066070C601.shtml.

[18] 中国信息安全. 我国交通运输行业数据泄露现状浅析[EB/OL].（2018-04-11）[2020-11-01]. https://www.secrss.com/articles/1939.

[19] 智能制造网. 浅谈无线通信在智能交通行业的应用[EB/OL].（2018-12-19）[2020-11-01]. https://www.gkzhan.com/tech_news/detail/244254.html.

[20] 黄焕君. 5G 网络在智能交通中的应用发展趋势分析[J]. 电脑与电信，2020，281（4）：46-48.

[21] 边缘计算产业联盟，网络 5.0 产业与技术创新联盟. 运营商边缘计算网络技术白皮书[R/OL]. [2020-10-11]. http://www.ecconsortium.org/Lists/show/id/376.html.

[22] 张骏. 边缘计算方法与工程实践[M]. 北京：电子工业出版社，2019.

[23] 域百科网. 5G 架构体系及产业链环节重点企业梳理[EB/OL].（2017-09-24）[2020-11-02]. http://www.yubaike.com.cn/html/yidong/tx/337328.html.

[24] 刘超，孙超，叶卿，等. 5G 在智慧交通中的应用探索[C]//品质交通与协同共治——2019 年中国城市交通规划年会论文集. 2019.

[25] 通信世界网. 面向自动驾驶的 5G 技术[EB/OL].（2016-09-26）[2020-11-01]. http://www.360doc.com/content/16/0926/20/16806734_593844170.shtml.

[26] 毛磊，翟浩杰，尹尚国. 5G 在轨道交通行业的应用探讨[J]. 移动通信，2020，44（1）：63-70.

[27] 孙贻璐，佘世英，吴宁宁，等. 宏观交通模型的构建和应用——以金华市交通模型为例[J]. 交通与运输（学术版），2014（1）：30-33.

[28] 陈先龙. 中国城市交通模型现状问题探讨[J]. 城市交通，2016，14（2）：17-21.

[29] 南京凌科云信智能科技有限公司. 改革开放 40 年 | 中国交通信号控制系统的技术变迁[EB/OL].（2018-10-31）[2020-11-03]. http://www.lingkeyunxin.com/newsinfo/540712.html .

[30] 刘向龙，刘好德，李香静，等. 中国出行即服务（MaaS）体系框架与发展路径研究[J]. 交通运输研究，2019（3）：1-9.

[31] 李万，赵越. 从前沿科技展望未来城市交通[J]. 交通与港航，2019，6（6）：5-9.

反侵权盗版声明

举报电话：（010）88254396；（010）88258888
传　　真：（010）88254397
E-mail：　dbqq@phei.com.cn
通信地址：北京市万寿路 173 信箱
　　　　　电子工业出版社总编办公室
邮　　编：100036